Enchanted Sex

Unlock the Secrets of Sensual Intimacy

沸騰性愛的
心理密碼

伴侶／性心理諮詢師
彭瑞——著

目錄

—◎ 第五章 ◎—

解鎖知識 *Step 1*

重新愛上自己——三個小練習與身體和解

—◎ 第六章 ◎—

解鎖知識 *Step 2*

挖掘你的愉悅泉源

～◎ 第七章 ◎～

解鎖知識 *Step3*

了解你的親密隊友

第八章

解鎖親密 *Step 1*

聚焦你的性魅力——享受真正身心交融的性愛

第九章

解鎖親密 *Step 2*

挑逗彼此的靈魂

⟨ 第十章 ⟩

解鎖親密 *Step 3*
共同沸騰——從同步呼吸到同頻高潮

與身體重新連結，
開啟性與愛的旅程

　　人類真的是奇怪的動物。即使我是一隻黑猩猩或者一隻小白鼠，仍會這麼覺得。因為人類把生命最根本的連結方式——性，變成社會最大的矛盾體。

　　我們歌頌生命的誕生，卻汙化造人的行動；我們大聲談論愛，卻躲躲藏藏做愛；我們讚美植物的生殖器（花），但卻用自己的生殖器來罵人；我們享受性的愉悅，卻也用性來羞辱他人；我們鼓勵女性生育，卻又製造女性的性羞恥；我們用禁慾代表能力，卻也用濫交炫耀權力；我們用性彰顯成就，卻也用性自我毀滅。

　　我有一位中年女性個案，她遭受多年的性交疼痛，在某次諮詢中，她對我說：「我覺得自己很矛盾。我既希望有人欣賞我的身體，卻又怕他們想要我的身體；我既渴望我的陰道被填滿，卻又恐懼有人想進入它；我既嚮往跟伴侶無限的親密，卻又不斷逃避那種親密。」說這些話的同時，她的眼神幽暗，好似一個深淵。作為她的心理諮詢師，我盡量伸手拉她一把，用我受訓的技能幫助她，但作為一個感同身受的女性，我也在深淵的凝望中打了個冷顫。

　　我和這位個案進行了多次諮詢，她自己也付出許多努力，後來她的情況逐漸好轉，跟伴侶的關係有所改善，性交疼痛得以緩解，生理期的腹痛也減輕了，而且她在職場上也有新的突破和發

展，跟母親的關係更加輕鬆。讀到這裡你可能會滿腹疑惑，為什麼身體上的疼痛不是在醫院婦產科尋求協助，而是在心理諮詢中得以緩解呢？為什麼解決性交疼痛的問題，會對職場有所幫助？這跟她母親又有什麼關係呢？

這就是本書要闡述的內容，透過性與愛的故事，帶你重新看待和認識自己的身體。之所以透過性與愛，是因為這是人類體驗生命的始與終，也是人類自我創造的終極方式。之所以強調身體，是因為人類自發明語言以來，便走上崇尚大腦、貶低身體的路程。人類文化創造的敘事不斷強調思想的崇高、本能的粗鄙；頭腦在創造、身體在消耗；精神的飢渴是高級的，身體的飢渴卻是低級的。這導致人類的身體跟大自然一樣，在社會發展的過程中遭到利用、貶損、剝削、忽視、失聯。而身體也跟大自然一樣，沒有言詞、沒有辯解，只有無聲的回應和暗藏玄妙的提醒。

如果聽懂了這些充滿智慧的提醒，我們不僅能在自我的真實身分中得到無窮的力量，跟自己和解，再次與他人親密連結，更能爆發出既溫柔又強人的創造力。那我們要如何聽懂這些充滿智慧的提醒，重新跟身體連結呢？讓我們聚焦在身體的沸騰，重啟一段看待身體、性與愛的旅程。

歡迎你，一起出發。

關於書中個案

本書集結許多諮詢個案，皆來自真實案例的困惑和痛苦、療癒和超越。為了保護個案的資訊，書中案例不僅隱去相關個資，也將不同的案例加以糅合重組，且在事件或對話中進行適當的文學加工。

第一章

探索身體與心靈的沸點

世界上的一切都與性有關，
除了性本身。性關乎權力。

Everything in the world is about sex except sex. Sex is about power.

——英國劇作家王爾德（Oscar Wilde）

你缺少的
只是一點點鼓勵

個案 **1** 男友硬不起來，我該分手嗎？

小可：小豐沒辦法保持勃起的硬度，我們無法進行插入式的性愛。我想過要分手，卻又捨不得。請問這個勃起問題可以解決嗎？可以解決，我才要結婚。

小豐：愛撫的時候硬度滿好的，也可以射精，但是第一次插入找不到入口，就軟了，後來嘗試幾次都失敗，就愈來愈不行。

心理師：你們知道「生火燒水」的原理嗎？

　　小豐和小可是一對30歲不到的年輕伴侶。兩人個子差不多高，小豐甚至比女友小可更單薄一些。走進諮詢室，小可的眼神充滿期盼，她坐在雙人沙發上離我較近的位置，小豐則很羞澀地回避我的眼神，坐在離我較遠的位置。

　　他們比我平時諮詢的伴侶年輕10歲左右，讓我不禁感到新鮮和好奇，是什麼讓他們來尋求性心理諮詢的呢？我放下自己的猜測，稍微自我介紹之後，便按照初次諮詢的慣例，請他們說明自己的情況，例如從諮詢中想要獲得什麼，以及為什麼選擇這個時間點來諮詢。

　　小可是個外向的女孩，她聲音清亮，首先開口問我的專長是

不是在性心理方面。我回答「是」之後，小可開始描述他們的情況：她和小豐是彼此的初戀，經由他人介紹認識後，很快相戀，不久後便同居。他們彼此都覺得對方是自己想要結婚的對象，但目前遇到一個急需解決的問題：小豐沒辦法保持勃起的硬度，兩人無法進行插入式的性愛。

小可說，小豐去醫院看過，檢查後沒有發現器質性疾病（Organic Disease），但他就是在關鍵時刻硬不起來。這種情況持續了一年多。小可有時會忍不住說出刺耳的話，也提過好幾次分手，但她又覺得和小豐價值觀很合，捨不得分開。所以她求助於心理諮詢，確定可以解決這個問題，才會和小豐結婚。

小可對於小豐性功能障礙（Sexual Dysfunction）的描述很直白，對於分手還是結婚的條件也說得很直接，聽起來合理卻又殘酷——對小可合理，但對小豐殘酷。這讓我有點擔心小豐的感受，這可是男性的終極恐懼之一啊！誰受得了自己的女友在陌生人面前，第一次見面就如此直白地描述自己的失能呢？我時不時瞄向小豐，觀察他的狀態。小豐看起來像做錯事的孩子，長了些許青春痘的臉紅了又白，白了又紅。他的眼睛不斷眨動，一直看著地面。在我鍥而不捨的引導和鼓勵下，小豐斷斷續續地回答了一些問題。

小豐的語調不僅輕弱，而且不太流暢，我必須非常專注才聽得清楚他說話。我相信他是鼓足了勇氣才能敘述他的困境：同居前他和小可並沒有嘗試過插入式性愛，僅僅是探索式的愛撫。當時覺得硬度滿好的，也可以在女友手中摩擦射精。但第一次嘗試插入時，小豐東找西找，就是找不到正確的位置進入，於是就疲軟了。後來也嘗試了好幾次，卻都沒有成功，於是小豐愈來愈挫敗，愈來愈不行……

找出性愛問題的頭號敵人

　　搜集了30分鐘的基本訊息後，我對小豐的初步判斷是：心因性（Psychogenic）勃起功能障礙（Erectile Dysfunction, ED）。簡單來說，就是當事人並沒有器質性疾病，完全是受心理因素影響，導致在某些情境中可以完全勃起，在某些情境中不能完全勃起。心理因素一般包括人格特徵、情緒狀態、經驗經歷、認知信念、對環境的感受等，比如，焦慮型人格的人比較容易遇到心因性勃起功能障礙，因為**焦慮本就是性愛的頭號「敵人」**。又或者是經驗和經歷對心理狀態的影響。也就是說，伴侶雙方只要一方有經驗，就不會找不到入口，也不會因為找不到入口而倍感挫敗。再者是環境對人的感受的影響。有些人只要覺得所處環境不乾淨或者不熟悉，就提不起「性趣」；而有些人恰好相反，環境太乾淨、太熟悉，反而無感⋯⋯

　　通常我不會跟個案，尤其是第一次諮詢的個案做學術解析，不僅對當事人沒有幫助，對我和個案之間的關係也沒有好處。但因為小可曾經從事醫療工作，小豐又是「理工男」，他們都很希望我給出一個所謂的「診斷」，讓他們能夠理解到底問題出在哪裡、有多嚴重、有沒有可能解決。所以，我簡短告訴他們我最常用的「生火燒水」的比喻。小可和小豐聽了以後恍然大悟，如釋重負。小豐後來告訴我，聽了這個比喻後，他感覺自己的壓力小了很多；小可也說，第一次諮詢後，她覺得自己更愛小豐了。

◉ 做愛就像生火燒水，別讓沸水涼了！

　　做愛就像生火燒水的過程。想像一下：

　　點燃一堆柴火燒水，火焰從小到大漸漸增長，水壺裡的水開始冒泡、升溫，繼續冒泡，繼續升溫……如果外界環境良好，火焰持續燃燒，水的溫度就會愈來愈高，直至沸騰。

　　這是人盡皆知的物理現象，只要條件允許便會順勢發生。而小豐的勃起就像是性慾之火點燃之後，身體之水漸漸沸騰，火的來源是女友帶來的五感刺激，以及／或者小豐的性幻想被激發。但小豐缺乏經驗，擔心出錯，便忍不住緊張。這就像是在水裡加冰塊，導致身體略微降溫，造成勃起不全。然後，由於小豐敏感害羞的個性，他從未完成的經歷中累積了過多的挫敗和擔憂，又在水裡加了一些冰塊，於是勃起繼續受阻。最後，女友小可的情緒也不禁焦躁起來，說出責怪的話，相當於在小豐的身體之水加入更多冰塊……如此惡性循環，小豐的身體自然就涼了。

　　聽完這個比喻，小豐的目光終於聚焦。他看著我的表情，好似找到了考題的答案，而且有了努力的方向。小可也開始自我反思：她是不是給男友附加了更多壓力。兩人都深受啟發，想要繼續諮詢，以解決兩人的「終身」大事。

　　仔細分析「生火燒水」的比喻，可以總結出三個讓水變涼的原因：

❶ 外界刮冷風，火點不著，或點燃了卻易滅，屬於社會因素。比如，**特定社會文化和意識形態引領的性羞恥教育，影響個人對性的態度、性的權利、與身體的關係、性別的刻板印象，以致影響性感受和性行為**。這部分將在第二章到第四章詳細闡述。

❷ 燃料受損，火點不著，屬於生理因素。比如，體內激素紊亂、大腦損傷、生理疾病等問題，但生理醫學領域不在本書

討論的範疇。

❸ 水開始升溫後，在水裡加入冰塊，屬於心理因素。比如，負面性認知、性羞恥、性恐懼、不配得感[1]）、負面身體意象[2]、自我形象低落、自尊與自卑、權力遊戲、性文化腳本、環境的安全／刺激、對婚姻的設限、對愛的設限，還有五感的負向刺激等。這部分將在第五章到第九章透過豐富的案例分享逐步介紹，並提供解決方案。

❖ 你值得愉悅狂喜的性愛

親愛的成年讀者（再次提醒，如果你是未成年人，請把書放下），如果你還未體驗過伴侶之間的性愛，對於性活動原來是這樣複雜的綜合運作結果，可能會感到一絲掃興，心想：性愛是這麼美好，讓人無限嚮往的自然結合，怎麼在心理師的描述下變得這麼無趣？別擔心，你不一定會遇到這種情況。可能你的性愛生活火焰高漲，你的身體之水能充分沸騰，冒著蒸氣，奔騰在天地之間。但如果你遇到了，這本書可以幫助你做好準備，調整心態、姿勢和技能，讓「生火燒水」的反應順利發生。

如果你已經體驗過伴侶之間的性愛，或者不僅體驗過，甚至已經倦怠多年，可能會對性活動的複雜與困難有更多理解，對作為社會人的局限與無奈有一些共鳴。可能，你會嘆息一聲後說：

1　不配得感（Unworthiness）：指個體源於對自我價值的不認可，潛意識中認為自己不夠好，不配得到生活中美好人/事/物的感受。

2　負面身體意象（Negative Body Image）：指個體受到社會文化因素的影響，對自己的體型、外貌、器官總是感覺不滿意、不自在、羞恥，以至於影響飲食、運動、消費行為、和人際交往。

「真的太難了！」再動情地發問：「到底我們在複雜的社會要求下，還能不能得到愉悅狂喜且身心和諧的性愛？或者哪怕只是其中一種也可以？」

我的答案是：一定可以！我相信你內心深處也抱持一樣的信念：一定可以！不然，我們不會在此相遇，一起踏上這趟旅程。作為心理師，我看過許多人性和社會的陰影，但也因為這些陰影，我更加確信光的存在、光的強大，也更清楚前行的方向和路途的遙遠。所以，讓我們一起繼續接下來的探險旅程，首先就來看看身體的沸點！

把高潮的權力
握在自己手裡

個案2 性高潮是什麼？我只感覺到疼痛

可可：每次性愛都沒有前戲，伴侶也不稱讚我，永遠都是傳教士體位，而且還痛得要命，我不想要這樣的性愛！

心理師：你需要主動改變現況，不要讓你的伴侶繼續踩你的「冰點」。

　　在外商企業工作的可可，曾到海外求學。她結婚五年，有一個兩歲兒子。可可來找我諮詢的原因，是她再也無法忍受跟伴侶做愛的性交疼痛。因為性交疼痛，她只能透過人工受孕，並剖腹產下兒子。孩子出生後，可可經歷兩年產後休養，但她跟伴侶之間的性交疼痛不但沒有緩解，反而愈來愈難忍受。可可沒有找到有效的治療方案，便查閱許多英文資料，甚至考慮去美國治療。後來她透過別人介紹找到我，非常驚詫居然有華人性諮詢師，但她很快地便全心信任我。

找出冰點，一一制定調整方案！

　　經過幾次諮詢後，我和可可一起梳理出她的五個心理／生理特徵：

❶ 她的潛意識認為，被外物進入，身體是會「破」的。

❷ 她很在乎伴侶對自己外貌的肯定，但對方不知道。

❸ 她很需要掌控感，但作為女性，她不敢表露出來。

❹ 生理上，她對疼痛的耐受度很低。

❺ 她內化了從小到大母親對她的指責和嫌棄，配得感低落。

　　可可過往的性生活完全踩在她的冰點上。第一，她和伴侶的性愛每次都無前戲，伴侶直接進入、「破壞」她的身體；第二，伴侶從來沒有讚美過她的身體；第三，可可跟伴侶做愛的姿勢，永遠是「傳教士式」，也就是傳統的男上女下；第四，一感受到輕微疼痛，可可便非常緊張，但她不會做疼痛管理，於是愈緊張愈痛，愈痛愈緊張，陷入惡性循環；第五，母親傳遞了物化女性身體且不配得的心理給她，讓可可不認同自己的女性身分。

　　於是，我的治療方案就針對這些冰點調整：

❶ 讓可可與自己的潛意識對話，拆解身體會被「破壞」的聯想。

❷ 讓可可跟伴侶坦誠且充分地溝通。告訴伴侶，自己很需要他的讚美，也請他練習讚美的方法。

❸ 為可可進行心理賦能[3]，鼓勵她變換性愛體位，尤其是嘗試女上男下的姿勢，以滿足她的掌控感。

❹ 幫助可可學習疼痛管理，包括呼吸配合、肌肉放鬆、使用潤滑液等。

3　心理賦能（Psychological Empowerment，賦能又譯賦權）意指幫助個人改變態度和認知，相信自己有能力也有權力（進而產生動力）掌控自己的生活、周遭及相關事務。

❺ 幫助可可外化⁴壓抑的情緒，學習中立的表達，適當反抗母親習慣性的指責和譏諷，從而得以建立更好的人格邊界。

以上方案看似簡單，做起來卻不容易（具體做法會在後續章節中詳細闡述）。如果還夾雜伴侶之間的情感糾纏和權力爭奪，那就更難了。但是可可追求性愉悅的決心非常強烈，經過幾個月起起落落的調整，她基本上可以消除疼痛，或者把疼痛程度控制在可接受的範圍內，不致影響性愛活動。

慢慢和終極「怪獸」和解！

在調整過程中，治療方案中❶～❹第四項的效果可謂立竿見影，確實改善可可的性生活。但❺卻是她身為女性，在性別認同（Gender Identity）和自我配得感上遇到的終極「怪獸」，需要很長的時間去戰勝、和解與療癒。諮詢期間，可可變得更能覺察母親對自己的影響，對母親的一些批評和譏諷不再照單全收，而是適時反抗。相信未來可可的內在能量凝聚到一定程度後，便可以用真誠、溫柔且堅定的態度，與母親平等交流。

除此之外，我也看到可可在性生活上的明顯變化。她學會識別並剔除自己的「冰塊」，不再往意識的水裡加冰，漸漸融化和放鬆身體，不再強硬抵抗，於是不再有撕裂的疼痛，讓插入式的性愛變得可行。

但是，性愛成為可「實行」的活動，聽起來覺得無趣，這不是可可的目標！都什麼年代了，誰吃不飽呢？吃得精緻、吃得盡

4　外化（Externalization）意指幫助當事人將自己與遭遇到的問題分開看待（問題在於問題本身，不是我有問題），進而產生新的看法和角度，甚至解決問題的方法。

興、吃得高級，才是可可這個大都會女性的追求。所以，享受性高潮，才是她的目標。

又過了幾個月，可可傳來絕妙的消息，她說：「我今天有高潮的感覺了，整個人好像飛出去，穿過失控的隧道。一個黑色的隧道裡，有光影穿梭……」哇，真替她高興！不過，等一下！看到這裡你可能會滿頭問號地想：這是在上演《駭客任務》嗎？

那我們就得來聊一聊，什麼是女性的性高潮？

ⓠ 高潮到底是什麼感覺？

對於性高潮，我每次都會心懷敬畏地解釋。這是因為，**性高潮（這裡專指女性的性高潮），一直是人類知識的黑洞**。也就是說，人類知道其存在，並心生嚮往，但在幾千年的文明長河中卻望之卻步，只敢遠觀而不敢褻玩。為什麼呢？我認為在古代，東西方對於性高潮的認知驚人一致。人們認為，性高潮作為人類體驗的巔峰，是詩歌中的神來之筆，是藝術家的靈感源泉，是哲學家的痛苦之所在。誰研究，誰就抹殺了它的浪漫與唯美，將被世人唾棄。到了近代，性高潮則成為宗教和禮教約束的對象。誰提起就犯了大忌，更別說研究了。「瘋子」研究不了，「變態」的研究也不被承認。而在現代，由於科學當道、具備適當的工具，性高潮終於名正言順地成為科學研究的主題。從20世紀中葉開始，許多研究學者投入性高潮的研究。但是，稍加查閱現存的研究資料，就會發現主要是三種人：生物醫學家、心理學家、社會學家。他們像瞎子摸象一樣，從自己的專業角度對性高潮摸索了一番，描述了一番，得出的結論，卻是誰也說服不了誰。2001年，兩位著名的美國性學家，瑪、比尼克（Kenneth Mah & Yitzchak M

Binik）在《臨床心理學評論》（*Clinical Psychology Review*）期刊發表了一篇文章，指出研究學者對於性高潮有高達26種不同的定義[1]。

對於如此之多的學術定義，維基百科嘗試揉合了一下，描述性高潮生理表現的定義：「性高潮（Orgasm, Sexual Climax）是指在性反應週期過程中所累積的性緊張遽然釋放，導致骨盆區出現有節奏的肌肉收縮及表徵於外的性愉悅。男性和女性所體會的性高潮是由自律神經系統所控制，且常伴隨許多不自主的反應，包括身上多處區域出現肌強直（肌肉收縮），感到欣快和滿足，及頻繁地發出聲息與身體擺動。」

再一次引用「生火燒水」的比喻，本書對性高潮的總結就是：性愉悅的熱量升溫到頂點後，引發人的身心在短時間內強烈震動和翻滾，亦即沸騰。

根據性學調查，沸騰的時長，男性是6～10秒，女性則比男性平均長2～5倍，從20秒到60秒不等。身體沸騰的表現包括體溫逐漸升高，呼吸、心跳加速，肌肉不受控制地收縮，面頸部泛起潮紅，忍不住發出聲音，頭暈目眩、耳鳴等。心理的沸騰則包括意識變得模糊，時空和自我感暫時消失，感受到與對方融合，有時是極度狂喜，有時是幸福和滿足，伴隨著各種釋放和自由感，以及隨之而來的依戀、歸屬、放鬆感等。這些身心感受，根據不同女性的個性、想像力以及表達能力，呈現出的畫面可謂非常豐富。

高潮是痙攣不止、呼吸停頓的強烈快感

美國歷史上女性樣本數最大的《海蒂報告》（*The Hite Report*）裡，收集了一些女性對於高潮的描述，以下節錄幾個，供大家參考。

A1 高潮是一種集中在生殖器部位的強烈快感（我無法分辨何者是陰蒂快感、何者是陰道快感），接著，我的全身就開始緊繃起來，而我的意志或思想，幾乎無法參與到這種快感裡，完全被高潮掌控住了，這種身體的快感，只能以無法無天來形容它那無堅不摧、攻無不克的毀滅性力量。它在幾秒鐘之內就結束了，但卻讓人為之瘋狂不已。除了環繞在生死、在周圍無可分辨的強烈爆發感之外，我能清楚描述的唯一感覺，便是全身性的僵直。

A2 高潮一開始，我的陰蒂和生殖器官附近便不斷散熱，發出快感。接著，一道攝人心魂的局部快感，一種無可抑制的感覺，就像噴射火箭發射升空的瞬間一般，升起一股迅速崩解的快樂，從陰蒂向外放射開來，遍布整個胯下。一分鐘後，我的全身開始顫抖不已，痙攣未止，餘熱未消，呼吸快要停頓，刻骨銘心的快感繚繞不退。

A3 高潮是一種溫暖的感覺，遍布我的全身。隨著這股遍布全身的暖意升起，我的大腿、下腹、乳房以及生殖器官漸漸緊繃起來。我的陰蒂變得非常興奮且雀躍。在高潮之前，我的感覺非常強烈，身體『裡面』變得生機盎然，強而有力。那股淫滑感、熱度、旺盛的精力，讓人深感滿足。有時，我的臀部和骨盆會泛起陣陣痙攣，使我不由自主地擺動。高潮給我的感覺，就像水庫洩洪。我感覺到身體裡的陣陣收縮，那是一種淫滑的感覺。

與上述相較，可可描述的畫面也不算很離奇了。我問她，那些強烈的感受是如何發生的，她說：「這一切都必須在身心完全信賴對方的前提下才能實現。他不在意我身上的缺點，我可以在他面前完全放開自我、充滿自信。我渴望被愛，就像鮮花需要

水。」這就是可可沸騰的心理條件：**感覺被愛，放下自我。**

　　《性高潮的科學》（*The Science of Orgasm*）一書的作者巴里・科米薩魯克（Barry Komisaruk）博士也說：「很多性學報告中，受訪者描述的性高潮大多著重在生理感受，也就是說針對心理需求（來定義高潮）的研究，遠比以生理定義高潮重要得多。」而且，讓人心靈沸騰的條件，不分男女，萬變不離其宗，就看你能不能一眼看穿其本質。

內行人都知道，
情境很重要

個案3 黑絲襪的美，光用「看的」還不夠

姜先生：我愛黑絲襪，做愛時一定要用黑絲襪助興才能完全勃起，我是不是變態？老婆還說後悔嫁給我。

心理師：人的性表達非常豐富多樣，只要不傷害自己和伴侶的身心，且雙方都同意，就沒有什麼所謂的變態。

一位姓姜的中年男性，趁著到上海出差來找我諮詢。他的第一句話是：「彭心理師，我今天來是想知道自己到底正不正常，是不是變態？」我看著他急切的眼神，聽著他委屈的語氣，問他：「發生了什麼事，你為什麼這麼問？」他說：「我在我家那邊找了個心理師，向他諮詢我的愛好，結果他說我『不正常』。但我不死心，我覺得可能是小地方比較保守，在國際化大城市的心理師可能更專業。」

我調整了一下坐姿，提醒自己不要受他的吹捧影響，畢竟我們心理師不僅價值觀要保持中立，諮詢過程中的自我也要縮小一點，否則容易產生「投射性認同」（Projective Identification）；所謂投射性認同就是容易進入當事人的腳本，無意識地陪著個案演戲，如此一來諮詢就無效了。

　　我接著問：「『不正常』這個評價好像有點傷人。能說說看那位心理師為什麼這樣說嗎？」他此時的表情除了委屈，又多了一些羞愧，他的目光也看向地板。沉默了幾秒鐘，他小聲地說：「我是『黑絲襪控』，跟老婆做愛時，如果沒有黑絲襪，我就沒辦法那個……」我重複他的話，並試圖幫他說完：「哦，你喜歡黑絲襪，沒有黑絲襪，就無法性喚起[5]。是嗎？」他點頭說：「是的。」我將這些話坦然流暢地說出來，讓他放鬆了一些。但是，他仍然有點猶豫，好像還有些話說不出來，卡在喉嚨裡。

早知道你是這樣的人，我就不嫁給你了！

　　我想，僅僅是這樣應該不會被評判成「不正常」。於是又問：「你是希望老婆穿上黑絲襪？還是怎麼使用最能讓你興奮呢？」我這麼一問，他好像找到了個出口，小聲地說道：「我自己也喜歡穿上。」他邊說邊露出年幼男孩受挫的表情。我繼續用平靜的語氣重複他的話：「哦，你也喜歡穿上黑絲襪，這樣你才會興奮。」感受到一點點關注，他馬上問：「我這樣是不是變態？」他此刻真誠地需要得到答案，於是我直接回答：「**人類的性偏好非常豐富多樣，只要不傷害自己和伴侶的身心，且雙方都同意，就沒有什麼所謂的變態。**而且變態這個詞，心理學界已經逐漸淘汰不用了。」他看著我，「哦」了一聲，好像鬆了一口氣，但臉上卻浮現悲傷的神情，緩慢地說：「我老婆知道我有這個愛好後，就說『早知道你是這樣的人，我就不嫁給你了!』……」

　　後續的時間裡，姜先生傾訴他對家庭和妻子的愛與責任，但

5　　性喚起（Sexual Arousal）或稱性興奮，是指人受到刺激而期待發生性行為或是性行為發生當下產生的慾望，引發生理和心理上的一連串反應。

因為黑絲襪的緣故，他經常無法完全勃起，讓他非常委屈和困擾。但他也知道，這不是一次諮詢就能解決的問題。離開前，他向我表達感謝，說這次沒有白來，至少讓他知道自己是正常人。

◈ 沸點千百款，怎麼樣都不奇怪

一年半後，我追蹤回訪姜先生，問及他的近況，他回答：「我試過了，沒有結果，就這樣吧。」

很可惜，這位男性找到自己的沸點，但他的伴侶卻無法突破自己的認知，允許他這樣做，讓他沸騰。在遺憾和感嘆之餘，你可能會好奇，這樣奇特的沸點到底是如何形成的？我在第二章將會有更多的描述和介紹。

事實上，許多男性都有「性」的無奈。

某天，在男科[6]診療室外面，等候看診的人排起長龍。幾位男士等得無聊，聊了起來。

第一個人問第二個人：「你為什麼來看病啊？怎麼『不行』？」

第二個人說：「哎呀，不知道是不是年紀大了，最近跟老婆辦事，總是『不太行』。」

第一個人聽了，說：「哦，你這是小事，不算什麼。我的比較嚴重，無論跟誰，只要在室內，就『不太行』。」

第三個人聽見了，也加入討論，他對第一個人說：「你這個也還好，我更嚴重，只要沒有護士服，就『不太行』。」

此刻，第四個人也聽見了，悻悻的在一旁說：「你們這些都

6　相對於婦科，主要針對男性生殖與泌尿系統方面的問題。

不算什麼，我呀，只要對方是女的，就都不行⋯⋯」

　　你是否看出來，故事中四位看病的男士，其實都很「行」呢？如果你是「內行」人，相信此刻一定會心一笑，明白「行與不行，全看情境」：

　　第一位男士是「行」的，只是他不喜歡在室內做愛，室外的刺激和挑戰是他的沸點。

　　第二位男士是「行」的，只是他對伴侶感到倦怠，新鮮感是他的沸點。

　　第三位男士是「行」的，只是他需要制服誘惑，護士的角色扮演是他的沸點。

　　第四位男士是「行」的，只是他不喜歡女性，同性的刺激才是他的沸點。

　　這其實是在性學同業交流場合上編出來的笑話。我有一位心理師好友，他是上海某家醫院頗具名氣的男科醫生。除了自己的專業治療工作之外，他也獲得心理諮詢師證照，為有需要的人提供心理諮詢。有一次，我去他的醫院參觀學習，觀摩他們用於恢復男性機能的高科技儀器。他坦言道，平時接觸的個案中，大部分病患（對醫院來說是病患，對心理諮詢師來說是案主）都不需要儀器治療，因為大多是心因性問題，而非器質性問題。所以儀器的應用並不廣泛，但心理治療的技術倒是供不應求。這也是他學習和應用心理學的原因。換句話說，**只要找到當事人的心理沸點，他們都「行」得不得了。**

　　無論是小豐和小可、可可或是姜先生，他們的問題都在於跟伴侶的親密接觸中身體無法解凍、升溫，更別說沸騰了。但也因

為他們的身心在性生活中被卡住，因而開始嘗試了解、探索和解放自己的身心。當了解、探索和解放得愈多，升溫的方式就愈多，沸騰的機會就愈大。本章每個個案都極具個人特色，因為每個人的生理條件、性格特徵、心理狀態、成長背景都是獨一無二的。對你來說，上述案例可能未必足以參考，所以接下來，本書將呈現一些「性」（Sexuality）[7]研究的發現，以此展開身體沸騰的地圖，讓你可以按圖索驥，探索自己的身心，實現身心的沸騰。

7　相對於「性學」（Sexology）是研究性生理和性行為的科學，「性」（Sexuality）是研究人類性存在方式和狀態的，包括性別、性科學、性心理學、性權利、性文化等。

你需要「三個身體」
引爆快感

　　「性」成為一個學科「寶寶」，其成長過程曾經歷三位「大家長」的監護和管制，分別是：19世紀的醫學，20世紀初的心理學和20世紀中期的社會學。這三位「家長」都看到「性」研究對人類的重大意義，認為其前途無量。就像前文提過的，這些「家長」如同瞎子摸象，從近處開始摸索。但是，他們完全低估了「性」的龐大體積和深度，結果當然是無論多麼權威、多麼專業、多有名氣的「家長」，比如，靄理士[8]、佛洛伊德[9]、馬斯特和瓊生[10]，或者傅柯[11]，都沒有辦法照顧好「性」這個「寶寶」的完整和健康。所以，到了21世紀初，三位大「家長」大方承認自己

8　　哈夫洛克・靄理士（Havelock Ellis）：最早投入現代性學研究的英國醫生、社會改革者，自1897年起出版《性心理學》（*Studies in the Psychology of Sex, Vol. 1-7*），是西方「性」研究的奠基人之一。

9　　西格蒙德・佛洛伊德（Sigmund Freud）：對現代心理學影響最大的奧地利心理學家，精神分析學派的創始人。他於1905年出版《性學三論》（*Three Essays on the Theory of Sexuality*），讓「性驅動力——原慾（Libido）」成為20世紀最具影響力與爭議性的心理學概念。

10　馬斯特和瓊生（Masters & Johnson）：1957年至1964年間，兩人獲得資金，在聖路易斯華盛頓大學婦產科進行研究。1964年，得到資助後，兩人成立獨立研究院。美劇《性愛大師》（*Masters of Sex*）即是以他們為原型。

11　米歇爾・傅柯（Michel Foucault）：法國當代最著名的哲學家，他對社會權力的研究影響人類學、心理學、政治學、犯罪學、文化研究等多個領域。他於1976年出版《性史》（*Histoire de la sexualité*），針對社會權力與人類的「性」之間的關係進行前無古人的透澈分析，對「性」研究影響深遠。

的局限，接受彼此之間不可或缺，並公布了「性」的研究模型：「生理心理社會模式」[12]。從這個名稱就可以看出，這個「寶寶」必須跨領域研究，亦即生理學、心理學和社會學這三個學科家庭共同扶植，誰都無法單獨扶養，而且缺了誰都不能好好成長。

　　「性」研究發展的歷史背景和現階段的結論，對人類來說有多重要呢？非常重要！因為這意味著**人的沸騰涉及三種身體類型，缺一不可：生理身體、心理身體和社會身體**。接下來，我將列出這三種身體結冰或升溫的座標定位。三者最終構成的地圖，可能就是你以後追尋性與愛的藏寶圖。

◉ 時時刻刻追求愉悅的「生理身體」

大腦＝最強性器官

　　大腦是人體最強大的性器官[2]，也是性高潮的關鍵部位。**生殖器受傷，人依然可以得到大腦或者全身的高潮**。但如果大腦下視丘受傷，不僅無法產生性高潮，基本的性功能也會喪失。無論是幻想，還是從五種感官接受的性刺激，沒有大腦這個「中央處理器」統籌管理，每個人都是「性冷感」。腦部的核磁共振造影（MRI）研究證實，性幻想得到的高潮與物理刺激得到的高潮同樣強大且有效。

　　人體在性愉悅階段，大腦中會產生一種神奇的腦電波——α腦波，經證實可以對人體產生安撫、療癒、放鬆、激發靈感的作

12　生物心理社會模式（Biopsychosocial Model）：喬治‧恩格爾（George Engel）在1977年發表的概念，提醒醫學界不要局限在患者的生理現象，而是拓寬對患者的心理因素和社會環境的考量。這一概念後續為醫學界廣泛應用。

用。我會在第十章更詳細的介紹這個神奇的腦波與「性」之間的關係。

五感＋1，引爆快感

性喚起的引爆點，人人不同。五感包括視覺、聽覺、嗅覺、味覺、觸覺，而多加的一項則是性幻想。**五感＋1的任何一個，或任意組合，都可能點燃「性趣」。**當然，敏感的組合既可為「性趣」加分，也容易減分。比如，有些人對嗅覺特別敏感，喜歡的氣味能迅速為身心加溫，不喜歡的氣味也會讓身心迅速降溫。

性愉悅器官≠生殖器官

男性的性愉悅器官是陰莖（同樣也是男性的生殖器官），有4,000多個神經末梢；而女性的性愉悅器官是陰蒂，生殖器官則是陰道。陰蒂位於恥骨下方，尿道口上方，距離陰道大概1.5～3.5公分。陰蒂上有8,000多個神經末梢，是一個只為愉悅而存在的身體器官，沒有其他功能，所以**忽略陰蒂的人，很難體驗高潮。**

男性的生殖器官三位一體，女性則三位分離。男性的排尿、生育（射精）、愉悅神經末梢結合為一體，都在陰莖上；女性的排尿、生育（產道）、愉悅神經末梢則分別位於尿道口、陰道、陰蒂。這個簡單的人類生殖器結構，直到1950年代才終於釐清。

全身皮膚＝最大性器官

性學研究發現，其他身體部位也能產生高潮。比如，乳頭、陰道內、膝窩、大腿內側、耳後、肛門、前列腺等部位。事實上，**皮膚是人體面積最大的性器官**，在起雞皮疙瘩的那一瞬間，皮膚就被喚醒了！

神經系統＝性高潮切換器

人體主要透過交感神經和副交感神經的切換，將性喚起推進到性高潮。副交感神經負責放鬆，交感神經負責反應。如果**副交感神經無法啟動，人體無法放鬆，性功能就無法正常運作**，像是男性的陰莖無法勃起；女性的陰蒂無法喚起，陰道無法分泌潤滑液。人體在性喚起和愉悅的階段完全依賴副交感神經，但是進入高潮階段，人體會切換回交感神經，以執行女性宮縮和男性射精的反應。

激素＝助燃劑

性激素的組合中，沒有英雄主義。也就是說，沒有哪一種激素能發揮決定性的作用，而是必須靠好幾種激素合作無間讓身心翻滾沸騰。其中**雄激素和雌激素讓人產生性慾；多巴胺、去甲腎上腺素和血清素讓人產生性愉悅和高潮；而高潮後會分泌催產素和升壓素**（vasopressin），**讓人產生心理依戀**。影響人體激素平衡的因素非常多，舉凡情緒、年齡、健康、習慣、環境等，醫學對於很多現象都無法解釋。目前醫藥界用於輔助男性和女性的藥物原理也不太一樣，幫助男性勃起的四種藥品：西地那非（Sildenafil）、伐地那非（Vardenafil）、他達拉非（Tadalafil）和阿伐那非（Avanafil），都是藉由一氧化氮來放鬆肌肉，促進陰莖的血流量。唯一一種治療女性性慾的藥物是氟班色林（Flibanserin），是透過調節血清素來促進女性慾望。不過，時至今日，學術界對於女性慾望仍所知有限，因此爭議頗大。

骨盆底肌＝高潮肌

女性的骨盆底肌控制排尿、陰道收縮和排便功能。產後女性

的骨盆底肌鬆弛、或是肌力還未恢復，不僅會影響控制排泄的能力，陰道插入的愉悅感也會減少。男性的骨盆底肌控制排尿、射精以及排便。這組肌肉的強健程度不僅對排泄至關重要，還是射精時長的控制鍵。這也是為什麼骨盆底肌有個暱稱，叫「高潮肌」。至於如何鍛鍊骨盆底肌，將在第九章詳細介紹。

◎ 解鎖迷思、擁抱慾望的「心理身體」

女人不是沒有慾望，只是習慣隱藏

　　性慾望就是感受到自己的性緊張和渴望，並尋求外在方式滿足自己。可能你會認為這是一種生理需求，對動物而言或許是如此，但對人類而言，性慾望早已演變成由社會建構的人類心理活動。許多學者針對哺乳類動物研究多年，從中觀察到雌性動物，比如雌性恆河猴或雌性大鼠，比同類雄性表現得更為飢渴和主動。然而，大部分人類卻認為男人的性慾望比女人強。根據諸多資料閱讀綜合我的理解，之所以會產生這個迷思，主要是社會對於表達性渴望的男人予以讚賞和鼓勵，認可他們的「雄性氣質」；對於不表達性渴望的男人予以忽略或嘲笑，然而對女性則正好相反。如此不斷在男性和女性的心理上形成正反饋和負反饋，所以男性承認和表達性慾望就比女性容易得多，這才讓人們產生了這個迷思。但是，女性真的對性沒那麼渴望嗎？當然不是，她們只是為了適應社會而習慣了偽裝；這部分會在第六章詳細闡述。

改變身體意象──沒有人比你更完美

　　「喜愛自己的身體」是達到「性福」境界的重要心理裝備。

這跟社會審美觀沒什麼關係，完全在於一個人是否有喜愛自己的能力。覺得自己醜，介意自己的身體「不完美」，在性愛過程中遮遮掩掩、沒辦法放開的人，絕對比較難獲得高潮。總想著「我不想讓他（她）看到這塊皮膚」、「我不想讓他（她）摸這個部位」、「我不想讓他（她）聞到味道」、「我怕他（她）嫌棄我的尺寸」的人，往往不能專注感受當下的愉悅。舉例來說，根據醫學數據，女性的生殖器在產後4～6個月就能恢復原有的彈性和形狀，但是由於負面的身體意象而產生自卑，不願跟伴侶恢復性生活的女性卻大有人在。所以，性學家發現，有點「自戀」的人，往往性生活滿意度更高。

三大謀殺慾望的情緒殺手

讓人性喚起的情緒有很多，比如美感、喜愛感、新鮮感、挑戰感、放鬆感、親近感、距離感、安全感、危機感、尊重感、羞辱感、控制感、自由感等，其中有些情緒看起來相互矛盾，但人就是這樣複雜的動物。古人說「溫飽思淫慾」，因為人在健康飽足、無憂無慮的情況下，幾乎時時刻刻皆能性喚起，所以人類社會才創造三種謀殺慾望的「情緒殺手」，以便控制濫交的行為。

謀殺慾望的頭號殺手「羞恥」；二號殺手「內疚」；三號殺手「恐懼」。中國第一位研究「性」的社會學家李銀河教授曾經說，東方的性文化是「恥感文化」，西方的性文化是「罪感文化」。這兩種建構都是透過文化敘事來管理和影響人的性行為。東方有各種民間故事和成語製造性羞恥感，比如「破鞋」、貞節牌坊；西方則有宗教典籍製造性罪疚感，比如亞當和夏娃偷吃禁

果後被逐出伊甸園[13]。不僅如此，在東方，如果「破」了，嚴重的結果不是沒人要，而是終極懲罰「浸豬籠」；而在西方，如果吃了禁果，嚴重的結果不是被放逐，而是終極懲罰「下地獄」。這些滲入人類潛意識的終極懲罰，不斷強化人對性的恐懼，或許你以為這些觀念早已過時，但實際上，性的恐懼仍透過藝術作品、影視傳播，持續強勁地放送。

　　或許，這些敘事和情緒的建構對於古代社會演變貢獻卓著，但卻在人的心理上留下巨大陰影，尤其是女性。那麼，受到過度捆綁的現代女性要如何對抗羞恥、內疚和恐懼這三種情緒殺手呢？最佳的辦法就是學習。沒錯，所謂知識就是力量！被譽為「中國性學第一人」的潘綏銘教授多年的性學調查[3]也反映出：**性滿意度與受教育的程度成正比**。這也是本書撰寫的初衷。

完善自我，才能創造高潮

　　缺失自我的人不斷被物化，完善自我的人不斷創造高潮。自我物化的人最容易成為「受害者」。如果你認為自己是雙鞋，那麼總有一天會被穿破；而唯一不會被穿破的，就是「賣」不出去的鞋，更慘。如果你覺得「破處」了，婚戀價值就變低了，或者你覺得每一次性愛都是「給」他的，那你必定覺得自己「虧本」了。這些都是缺失自我感，將自我物化的邏輯認知。

　　但如果你認為，你是自己的主宰者，你的每一次性愛，都是自己探索愉悅、探索共鳴、探索自由、探索愛的機會，那麼當你搜集到足夠的線索，你的每一次性愛，都將是創造愉悅、創造共

13　一般認為亞當與夏娃的故事是基督宗教「原罪」論述的起源，而「情慾（色慾）」即為原罪之一。

鳴、創造自由、創造愛的體驗。如果你相信，你是自己的創造者，不是一件損壞後難以修復的衣物或瓷器，而是一個不斷自我更新的寶藏，是一個經歷愈多愈價值連城、智慧力量愈強大的人類「非物質文化遺產」，那你散發出的魅力，一定無與倫比。

◎ 突破框架自由選擇的「社會身體」

每個人的潛意識裡都有一個性腳本（Sexual Script）[4]，決定你的性與愛中悲歡離合的劇情。這個理論來自1970年代的社會學家蓋格農和西蒙（John H. Gagnon & William Simon），他們把人類可能受影響的腳本分成三個層次：社會／文化、群體／階級、個人。

社會／文化腳本：不同地區差異大

社會文化體系對人的性腳本影響甚巨。先不談古代，現今全世界不同區域的社會文化體系仍有相當大的差別。

第一個大主題：性別關係。有些國家或地區偏向男女平等，在性愛中女性更加主動，在家庭分工中「女總裁搭配男煮夫」也很常見。然而有些國家的女性地位低下，不僅職業選擇受限，連教育機會都很缺乏。這樣的女性很難在性愛中扮演主動者，在家庭中自然也是依附和順從的那一方。

第二個大主題：性少數群體。有些國家立法認可同性戀婚姻以及同性伴侶的後代撫養權；有些國家則不僅不認可，甚至連同性戀者的性命都不予以保障。

第三個大主題：婚外性行為。有些國家自古便有情人文化，所以婚外性行為受到多數人默許；有些國家，出軌的女性會遭家族「榮譽處死」；而大部分國家，背叛婚姻的人雖然會遭到道德

譴責，但男性的婚外性行為比女性更受到社會默許。

群體／階級腳本＝制定性規則的人

「世界上的一切都與性有關，除了性本身。性關乎權力。」
英國著名劇作家奧斯卡・王爾德一語道破性與權力的關係。無論
在哪個國家或文化體系，甚至性別或種族，只要是**擁有權力的
人，就有更多機會製造自己的性規則**，因為生育力和愉悅感都是
社會的珍貴資源。在古代中國，皇帝擁有後宮佳麗三千；女皇帝
武則天，也坐擁多位男寵。順著權力的金字塔往下，從皇親國
戚、重要官員到名豪富商，大多配有三妻四妾。再往下，普通老
百姓，如果沒錢維持多伴侶的生活模式，就得靠自己的聰明才智
或者人格魅力了。

當然，還有些少數民族擁有獨特的文化，比如中國雲南的摩
梭人。在漢化之前，他們一直保留母系氏族走婚的習慣。握有家
庭主權的是祖母。男性都是趁著夜深人靜，去到女方房間，並把
自己的帽子掛在女方門外的掛鉤上，以表示這家女主人今晚有人
「走婚」。如果女方受孕，孩子歸屬女方撫養。女方的兄弟，孩
子的舅舅，則在母親家裡幫著料理家務，幫助姐妹帶孩子。而這
個孩子是哪個走婚男子的呢？並不是很重要。再比如美國猶他州
的部分摩門教徒，他們信奉原教旨主義，依然維持一夫多妻的家
庭結構。

個人腳本，最常見的26個愛情角色

性腳本也受個體自己的潛意識需求影響。也就是說，無論你
是出自哪個民族、區域、文化背景，你都可能在無意識中選擇屬
於自己的獨特腳本。曾任美國耶魯大學教授、著名的愛情學專家

史坦伯格（Robert Sternberg）研究發現，個體會在潛意識中選擇有故事情節的婚戀關係。他總結出人會無意識對號入座的26個愛情角色，其中最常見的包括童話故事、偵探追蹤、拯救療癒、利益合作、旅行探索、悲情故事、喜劇故事、神祕懸疑等。有些人在愛情中自然變成公主，期待對方的拯救、呵護；有些人自動成為英雄，以打敗困難得到崇拜和認同；有些人自然成為主管或老師，忍不住指導或教育伴侶；有些人會帶進員警的角色，時時刻刻警惕地監督伴侶。根據這個理論，伴侶若是相信同一個腳本，比如王子和公主、醫生和病人或者商業合作夥伴，就可以得到更滿意的愛情關係，也更長久。但如果兩人腳本不合，關係就很難長久。當然，就算一開始腳本相同的兩人很契合，也可能因為其中一人成長後腳本改變，而讓兩人關係畫下句點。無論如何，**如果你意識到自己腳本的局限，主動改寫故事情節，擴展自己的行為模式，就可以跟任何你喜愛的伴侶幸福快樂地生活下去。**

◎ 突破社會與階級，執行你的個人腳本

　　個人腳本，跟前面提到的「心理身體」異曲同工。如果一個人出於某種強烈的心理需求，選擇突破和跨越社會腳本和階級腳本，執行他（她）獨特的個人腳本，那麼他（她）很可能成為大眾的勵志人物。無論在怎樣的社會文化或者群體階級中，總會有一些例外，就如同白羊群中的黑羊，敢於打破那個環境場域中的規則和腳本，偏離主流的軌道，成就不尋常的生命故事，頗有些「我命由我不由天」的色彩。比如國際知名非裔超模，同時也是書和電影《沙漠之花：世界名模華莉絲·迪里自傳》（*Desert Flower*）的女主角原型華莉絲·迪里（Waris Dirie）。她幼年時，曾在故鄉索

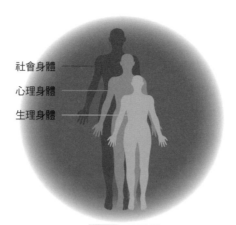

社會身體

心理身體

生理身體

圖1-1 三個身體

馬利亞遭受「割禮」[14] 14歲時，她父親為了幾頭駱駝，要她嫁給一個老者。華莉絲冒死逃婚，穿越沙漠，逃往倫敦。之後，她被攝影師相中，成為世界名模，甚至鼓起勇氣向記者揭露自己的經歷，最終成為聯合國宣導「取消割禮」的公益大使。

　　一般來說，在心理諮詢中，心理師為個案講述系統化的理論知識需要極其謹慎，因為過度消耗腦力對增加心理能量和恢復生理功能沒有太大幫助。但是，**了解生理身體、心理身體和社會身體，對於如何讓自己的身體沸騰非常有幫助。**生理身體需要取悅，心理身體需要解鎖，而社會身體需要重構。性治療的過程如同一場探索這三個身體的旅程，心理師賦能當事人去取悅生理身體，幫助當事人解鎖心理身體，陪伴當事人看見自己深陷的腳本原來是潛意識搞的鬼，鼓勵他們做好準備並重新選擇、或是重建自己想要的腳本；這是性治療成敗與否的關鍵。

14　割禮是一種為了控制女性性行為，殘忍地將陰蒂切除的當地風俗。

探索身體與心靈的沸點 *Notes*

❋ 做愛就像生火燒水，如果外界環境良好，火焰持續燃燒，水的溫度就會愈來愈高，直至沸騰。

❋ 學會識別並剔除自己的「冰塊」，不再往意識的水裡加冰，漸漸融化和放鬆身體，你也能盡情享受高潮。

❋ 若是你的身心在性生活中卡關，請嘗試了解、探索和解放自己的身心。了解、探索和解放得愈多，升溫的方式就愈多，沸騰的機會就愈大。

❋ 你有三個身體：生理身體需要取悅，心理身體需要解鎖，而社會身體需要重構；性療癒的過程就如同一場探索這三個身體的旅程。

第二章

解鎖自己 *Step 1*

重建你的
性態度

身體不是物品，它有自己的渴望。

由性生愛，
還是由愛生性？

個案4 原來，我是一個碧池？！

方女士： 我認識了一個混血小男生，是我喜歡的類型。我們發生了幾次關係，讓我魂牽夢縈，我從來不曾有過這樣的感受，我原本以為我愛上了他，後來發現，我只是想睡他……

心理師： 女人也可以單純享受「性」的愉悅，不需要與「愛」綁定，更不用因為性而自我貶低。

方女士是一位光芒四射的「三高」女性，顏值高、收入高、自恃清高。最近她由於交了小男友而患得患失，非常焦慮。她無法接受自己變得卑微無比的狀態，所以決定來諮詢求助。然而她不知道，正是她自己的性腳本，造成了她目前的困境。

方女士一走進諮詢室，我就被她的氣質震懾到了。她身著一套白色休閒西服，一看就知道價格不菲。背的包包不是常見的知名品牌的經典款，而是能凸顯獨特個性的特殊造型包。她大約30歲出頭，身高170公分左右，精緻的妝容讓人移不開視線。

走進諮詢室後，她果斷地坐在長沙發的中央，幾乎不等我說完開場白，就訴說了起來，「我的人生幾乎是所有人理想的範本。畢業後在上海打拚八年，有房有車，有理想的工作和不錯的

收入，存款充足……」我看著她點了一下頭，還來不及開口回應，她便繼續說道，「商業保險是買香港的保險公司，血液也凍存在細胞中心以備不時之需。我的人際關係也很好，在上海有很多朋友，他們都很羨慕我的生活品質……」

　　她說話好像不用換氣，滔滔不絕地一直說個不停。在她炫耀般的敘述裡，一直暗藏著一個「但是」，然而這個「但是」卻若隱若現不肯大方現身。終於等到她換氣的空檔，我回應了一句：「看來你的生活讓你相當滿意。」她回答：「是的。」然後戛然而止，沒有下文。我問她：「那是什麼促使你來尋求心理諮詢呢？」她猶豫了一下，沒有立刻回答。我很清楚這樣的停頓、這樣的表情，通常是前來諮詢的個案感到羞恥，產生防禦心理，所以想選擇更「見得了人」的方式來訴說困惑。

　　短暫的猶豫之後，她說：「最近兩年，我認識了一個混血小男生。他長得非常帥，是我喜歡的類型。雖然他比我小，而且經濟狀況沒我好，但我是個『戀愛腦』，感覺來了就顧不了那麼多。另外，我雖然身體對他有反應，但我覺得必須先建立正當的關係，不能為了性而性，這才是正確的價值觀……」

愛他？讓我變得不像自己了！

　　一般在諮詢中，當事人，尤其是女性個案，若是強調「戀愛腦」、「正確的價值觀」、「正當／不正當」的「男女關係」這些詞，我就會在腦中建立起一個個虛擬的資料夾，以備必要的時候回頭談論這些標籤。這些標籤，往往代表當事人的心理身體和社會身體對性抱持負面態度，所以才特地強調。而他們認同的負面標籤的總和，就會建構出他們認同的負面性腳本。

　　但諮詢初始，個案的傾訴慾望強烈，我沒必要停下來討論這

些標籤，所以腦中的虛擬資料夾先存放著，暫不啟動。直到適當時機到來之前，我保持眼神關注，時不時地點頭。方女士接收到我的肢體語言鼓勵，於是繼續說道：「我知道他有女朋友。一開始，我只是偶爾約他出來喝東西、聊天。就像愛護弟弟一樣，我跟他分享我的社會經驗、賺錢的想法等等，這種情況持續了一年多。而他也非常仰慕我。我們偶爾有肢體接觸，我都盡量忍住，不要失了分寸。因為之前追求我的人都必須在我身上花很多錢，不然我會覺得自己虧了……」

此時，聽到「我會覺得自己虧了」，我腦中的虛擬資料夾又自動新增了一個標籤。**有這類想法的女性，往往自我物化為性愛的交易品**。此時我對她重複了這句話：「你會覺得自己虧了。」她緊接著回答：「對啊！我之前遇到的『渣男』太多，發生關係之後他們就想跑。如果還不讓他們花點錢，那我肯定虧了。」

我點點頭表示聽到了，她又繼續說：「後來是我自己沒忍住，感覺來了，就和他發生關係。之後，他竟然對我有點若即若離，讓我覺得匪夷所思。他在外縣市工作，我還長途開車去看他，兩次！我從來沒有對別人做過這種事。以前別人給我錢我都不去，這次我竟然為了他跑去外縣市兩次！我對他的愛嚇到了自己，我無法接受這樣的自己。你說我是怎麼了？」

愛「上」他，所以「愛」上他？

方女士在第一次諮詢中描述了許多她跟小男友這兩年來相處的細節，林林總總彙整下來，我眼前浮現一個畫面：一個住在城堡裡戴著皇冠的女王，欣賞著自己所擁有的一切。她的城堡金碧輝煌，珍寶無數。她很驕傲，這一切都是靠自己的聰穎和能力，對社會規則的洞察，以及職場上的決斷力贏得的。然而這一切持

續累積和穩固的同時，她的內心卻止不住泛起空虛和無趣。她高昂著頭，不讓皇冠落下，但她的眼神卻被面前的情人點燃了火焰。

可是她不能低頭。如果低了頭，不僅皇冠會落下，優越的地位會失去，還會被人瞧不起。這讓她難以承受。更糟糕的是，她無法接受為了性而自貶身價。為什麼呢？**因為她的性腳本是一場交易，她的身體是這場交易中最後的籌碼。**

方女士的心裡有一個價值鏈：財力排在首位，性排在末位，中間是愛情。財力確保她對生活和人際關係的掌控，愛情是可遇不可求的虛幻美好，而性是完全不受她掌控的被迫給予。在這樣的腳本中，金錢是最可靠的，可控也可見，值得汲汲營營；愛情是珍貴的，但不可控，要盡量避免陷入其中；而性呢？性活動是「給」一次，就虧一次（如果沒有獲得經濟回報的話）。在這樣的內在價值鏈中，她一直把自己「保護」得很好，「經營」得很好，甚至得到周遭許多人的膜拜和肯定。但是突如其來的性慾望，讓她措手不及。為什麼說是性慾望，而不是愛情呢？

方女士的生存邏輯和心理防禦很嚴密，她嚴守自己的價值鏈，幾乎不可撼動。而她前來諮詢的目的，只是想要獲得他人的認同，以及如何「撩到」小男友的建議。所以，我不得不多次向她澄清，諮詢心理師不是所謂的「情感挽回」專家。我們的工作是授人以「漁」而不是「魚」，是為了幫助她提高心理能量、優化心理功能、明晰自己所願。但是幾次諮詢下來，我覺得她這個精美但內耗嚴重的城堡，絲毫不歡迎我進入。正當我感到有些束手無策時，方女士的夢境給予我新的方向。

在她跟小男友反覆進行若即若離拉鋸戰的過程中，我們兩度探討她的夢境。她的夢境雖然場景不同，但都驚險激烈，富含激

情，以及總是帶有水的元素，例如海洋或是洪水。一般夢境中的水元素不一定代表「性」，但在方女士的夢境中，水元素明顯帶著強烈的性意味。她曾告訴我，她和過去幾任男朋友或者性伴侶做愛，都覺得這是「應該做的」，從來沒有感受過性的愉悅。這一點都不令人意外，因為在她的性腳本中，性活動就是一場交易，而身體是她「給出」的商品，以換取她認為更重要的東西。這種情況下，身體要如何產生愉悅的主觀感受呢？有趣的是，她在這一年間跟曖昧小男友僅發生過三次性行為，但她卻體驗到愉悅和激情，讓她魂牽夢縈，回味無窮。

　　這兩次夢境的解讀，啟發她思考自己對性的需要和理解。

◉ 解開愛與性的綁定，享受身體的愉悅

　　第五次諮詢那天，方女士準時出現在諮詢室。沒過多久，她突然告訴我，她想通了一件事：「我發現自己其實並不是愛上他，我只是想睡他。原來，我是一個小『碧池』（Bitch）！」她說這句話的同時，眼神瞬間流露出前所未有的閃亮光彩。我抓住這個時機回應她：「你剛才說自己是小『碧池』的時候，看起來眼睛一亮，表情很輕鬆啊。」她馬上眉飛色舞地回答：「是啊！原來我也可以為了愉悅而性，不需要『愛』那麼複雜的東西！」接下來的諮詢中，她眼裡的光彩持續閃亮……就這樣，她的性腳本更新且擴展了。

　　在方女士舊版的性腳本裡，她完全認同封建文化的性腳本，認為：❶ 女性的身體是物品或者商品；❷「好女人」必須先有愛，再有性。認同這個社會文化腳本，導致她的社會身體壓制了心理身體和生理身體的需求，所以當她對高顏值的小男友產生性

慾望，卻不符合她的性腳本時，潛意識就自動將性慾望合理化，為這個「慾望」附加了「愛」的名義。而「愛」所帶來的對親密關係、甚至對未來規畫的一系列連帶綁定，太沉重、太複雜，讓她的心理身體不堪重負。但是，生理身體的沸騰讓她體驗到前所未有的愉悅，因而無法放棄這份期待，於是「自我」產生了衝突和焦慮。最終，她明白了，自己不是「愛」上他，而是愛「上」他。這個領悟解開「性」與「愛」的綁定，將她原有的社會性腳本重新架構改寫，形成她主觀選擇、屬於自己的新腳本。社會、心理、生理三個身體和諧相處，她的焦慮自然化解了。

改寫方女士的性腳本，不僅實現她生理和心理身體的一致化，讓她變得更為自洽[1]，同時也更新了讓她發生內在衝突的僵化價值觀，以重新適應現代文化的要求。這番改寫更是一種自我賦能，讓她**不再物化身體，不再因為性而自我貶低，從而提高自尊和主觀能動性**（詳細說明請見第三章）。當然，方女士還有很大的成長空間，還有許多腳本需要解構再重構，但這是一個好的開始。她很幸運，也充滿能量，年紀輕輕就做到了。反觀許多女性，可能要經歷更多的困惑，需要更長的時間，才能做到。

1　自洽（self-consistent）：心理學上的自洽指的是個體的認知、情緒和行為具備邏輯一致性，較少在精神層面自相矛盾和內耗，呈現出更多的自我接納與放鬆自在。

「破處」
其實並不存在？

個案5 蔡媽媽，你女兒帶黃色書刊來學校

蔡女士：我女兒帶十八禁漫畫到學校跟朋友一起看，被老師抓到。
我想差不多是時候跟女兒談性了，但我完全不知道該從何說起……
心理師：跟子女談性之前，爸媽需要先剖析自己，對於性的了解真
的正確嗎？

　　很多女性，在生育孩子之後，依然不知道如何面對性。我有
一位女性朋友蔡心理師（以下稱蔡女士），她曾經歷一段很焦灼的
時光。當時她的女兒剛進入青春期，迷上看「十八禁」漫畫，還
帶去學校跟朋友分享。在缺乏性教育意識的學校裡，老師們遇到
這樣的情況自然是慌張不已，覺得必須嚴懲，便採取了千篇一律
的管理措施：沒收漫畫、訓斥教導、通知家長。蔡女士看到女兒
的「十八禁」漫畫後，跟老師一樣慌張失措，不知道該如何教育
女兒。但她深知訓斥和制止絕對無濟於事，反而會把事情弄得更
糟。她意識到，對女兒進行正面性教育的時機不能再拖了，而缺
乏教育的態度和方法是她作為母親的缺失，所以她前來尋求專業
的性學升級。

　　蔡女士在性學升級的過程中，我們一起探討了她的幾個不合

理的信念：

❶ 性是「壞事」，之前跟老公的性生活都是「偷偷」進行的；

❷ 女性在性事中不該主動，所以她從來沒有主動過；

❸ 處女膜是一種身分象徵，誰破的，誰就該負責一輩子。

　　抱持這些不合理信念的女性，往往無法開口跟其他成年朋友談論性，更遑論跟孩子坦然溝通。就算你把孩子送到專業的性教育機構或是老師身邊，回到家後，面對無處不在的性相關場景，比如影視作品、網路資訊、發情的寵物、路邊的情侶等，家長還是顯得畏縮躲閃、難以啟齒，或者嚴厲喝斥，那孩子不是更疑惑，心態不是更扭曲，代溝不是更嚴重嗎？

　　「一個好女人可以旺三代」這句話雖然含有性別歧視的意味，但在家庭教育上還真是正確無比。根據諸多社會學調查顯示，一個家庭中，女主人的心理健康和教育程度，決定整個家庭的氛圍以及孩子是否能健康成長。潘綏銘教授的調查也發現，個人的「性福」程度與其母親的性態度呈正相關。在教育孩子之前，父母首先要做的，是尋求自我提升，補足自己缺失的性學課題。

　　既然是補課，量身訂做最有效。父母該如何知道自己的性態度和性商[2]水準呢？可以透過一些專業的評量工具來評估，我推薦「性商測評中心」，其中的《性態度測評》、《國際性商測評（專業版）》[3]等可以幫助你評估目前的水準，以便制訂補課計畫。以

蔡女士為例，她的三個不合理信念就是最需要更新迭代的「軟體」，就如同手機裡占用記憶體的舊版應用程式，不僅無法使用，還影響手機正常運作。

❖ 破除觀念從獲取中性的性知識開始

蔡女士的第一和第二個不合理信念，「性是壞事」和「女性不該主動」屬於態度和觀念問題，第三個不合理信念則是受觀念影響，同時也跟知識量有關。寫考題建議從簡單的著手，所以先來學習關於「處女膜」的知識。至於態度和觀念的迭代難題，看完整本書後，你就能百分之百更新了。

處女膜既不代表處女也不是膜

說起來有趣，如果你看過處女膜的解剖圖，就知道你被它的名字騙了！因為處女膜根本不是一張膜。如果是的話，女性的月經經血要如何排出呢？好吧，醫學上確實有案例顯示，極少數女性（約0.05～0.1%的女性[1]）的處女膜是封閉型的。這種閉鎖現象會引發女性在不同年齡階段的多種病症，需要透過專業手術在處女膜造口，才能健康成長。否則月經來潮後，經血無法排出體外，將導致更嚴重的危險。

處女膜的學名是「陰道瓣」（hymen），是附著在陰道口的彈性組織，如圖2-1所示，有多種形狀。每個女性的陰道瓣都是獨一無二的，以下列舉幾個長期被大眾誤解的陰道瓣真相：

❶ 每個女人的陰道瓣形狀皆不相同、厚度不同、彈性不同、尺寸也不同。有些人可能根本觀察不到自己的陰道瓣。

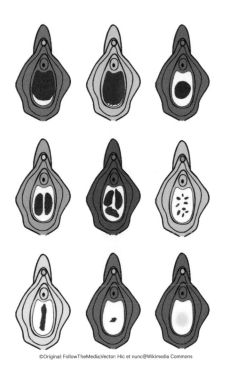

圖 2-1 陰道瓣的多種形狀

❷ 現代性學家已經證實，如果缺乏前後對照，僅靠觀察陰道瓣
無法準確判斷一個女性是否曾有過插入式性行為。

❸ 陰道瓣撕裂的疼痛級別很低，可能比膝蓋不小心撞到茶几、
或是牙齒不小心咬到口腔黏膜還要低。大部分女性對陰道瓣
撕裂疼痛的心因性恐懼，主要來自影視和文學作品的渲染，
或者是因為緊張、害怕導致陰道周邊肌肉痙攣。

❹ 有資料顯示，超過40%的女性在第一次陰道性交中，陰道瓣
不會撕裂流血。原因有兩個：第一，有些女性在童年時期因
某些體育活動或者受到外傷，陰道瓣早已撕裂；第二，有些
女性的陰道瓣縫隙夠大，彈性又好，插入式性交不會造成撕

裂。挪威一位婦科醫生就曾觀察到一位性工作者的陰道瓣清晰完整；甚至到自然分娩才撕裂陰道瓣的案例也所在多有。

❺ 陰道瓣這個學名少有人知，但外號「處女膜」卻人盡皆知，為什麼呢？因為社會的需要。說得再準確一點，是封建社會的需要。現在我們可以用回它的醫學名稱了。

人為製造的破處恐懼，轉化成「疼痛」

在現代女性主義運動中，東西方都有人站出來嚴厲批評某些人利用「處女膜」的概念物化女性，以此形成女性在婚戀市場上的價值鏈，造成女性羞恥，甚至導致生命的悲劇。中國古代文化中，新婚夫婦洞房過後，會藉由「見紅」來確認新娘是否有過插入式性行為。在古代的西方，也有類似的陋習，用以證明新娘到底有沒有在婚前偷吃「禁果」。如果「見紅」，則全家歡喜；如果沒有，新娘可能遭到退婚，甚至更嚴苛的對待。或許你以為這些老舊的可怕故事早已化為歷史塵埃，實際上，這些文化仍然烙印在現代人的社會身體上，或多或少留存下來。有的男性特別迷戀處女，認為她們純潔和珍貴；有的女性刻意保持處女之身，認為這樣的自己更有價值。不幸的是，這樣的社會身體和心理身體若過於僵化，生理身體也會遭到蒙蔽，進而導致對「破處」的恐懼具身化[4]。

在我的治療案例中，有多位深受「陰道痙攣」困擾的女性，其中持續時間最短的是七個月，最久的長達十年。她們都是婚前「守貞」，婚後發生性交疼痛，以致無法跟伴侶進行插入式性行

---

4 具身化（embodiment）：意指某種認知導致的心理情緒足夠強烈，以致身體認同該認知，出現相應的感覺、功能或症狀。

為。這是一種恐懼情緒具身化的表現，我稱之為「插入恐懼症」。第一章曾提到的個案可可，就是其中之一。她們連婦科檢查的擴陰動作都不能接受，一旦有任何外物試圖進入陰道，就會產生極大的心理恐懼，以及恐懼引發的生理疼痛。醫學界根據疼痛的範圍和強度，將這類疼痛分成五種等級。「陰道痙攣」的普遍性在醫學或者性學界沒有確切的數據，從0.8～10%都有。這種現象的生理成因找不到，但心理成因卻有明顯的共性，包括性恐懼、性焦慮、性創傷。在我治療過的案例中，出於性創傷的較少，大部分是焦慮型人格附加上負面性態度帶來的焦慮和恐懼情緒造成的。

使用整合式性治療方法，「陰道痙攣」的療癒率幾乎是百分之百。不需要生理擴陰，不需要麻醉肌肉，不需要任何醫學手段介入。她們需要的僅僅是看清自己的恐懼，看清造成恐懼的不合理信念，並學會面對這種恐懼，配合生理練習來學習管理這種恐懼。一旦心理身體認識並適應了這種恐懼，生理身體的疼痛便將逐漸減輕以至消失殆盡。在諸多案例中，我聽過印象最深刻、最強有力的宣言，是一位當事人堅定地說：「心理師，我要自己『破處』！」這樣的女性，已然突破內心對處女價值的認同，心理能量大幅上升。與此同時，她也進入治療流程的下一項高效賦能的練習——自慰。

出生前，
我們就會自慰了

　　早在1990年代，國外研究透過超音波成像發現，16週大的男性胎兒有勃起反應和自慰動作。《美國婦產科學雜誌》（*American Journal of Obstetrics and Gynecology*，簡稱AJOG）也曾刊載一個女性胎兒自慰的完整過程。在子宮內，胎兒自慰可以獲得放鬆和愉快的感受。出生後，嬰兒對身體的各個部位感到好奇，也會藉由自我觸摸來了解和取悅身體。這個現象，在動物身上也經常能觀察到。

　　然而對於文明社會的成年人類而言，這個行為卻備受壓抑、指責和爭議。單從自慰的諸多別稱就能窺探一二。我的社群媒體裡，男性最常私訊提問的問題就是：「心理師，我手淫上癮，怎麼辦？」「手淫」中的「淫」，是明顯帶有負面含義的字，暗示著放縱、過度、不正當的行為或關係。「打手槍」和「擼管」，又明顯單指男性對自己生殖器的刺激行為。所以「自慰」這個詞算是中文裡比較中性的，而近期一些性教育同業為了強調其正面、積極的意義，且男女通用，便用「自悅」這個詞來為這個人類最自然的行為去汙和正名。

◈ 不會自慰的人可能有「病」

　　男性擔心的自慰「過度」問題，其實在性學界已有共識。

❶ 自慰是緩解性壓力（Sexual Tension）、調適情緒、有益身心健康的行為。

❷ 只要自慰沒有擾亂你的生活節奏，沒有強迫性的行為發生，就不算異常。

❸ 有害的是對於自慰抱持的自責、愧疚、羞恥等負面情緒，而不是自慰行為本身。

❹ 一些男性的自慰手法可能引發習慣性快速射精，在兩性生活中需要重新培養適合親密關係的節奏，但同樣可以透過設計好的自慰動作，訓練延遲射精的時間。

在《精子戰爭》（Sperm Wars）這本書中，作者羅賓・貝克（Robin Baker）舉例說明了男性自慰射精是人體調節精子數量和活力的生物指令。美國著名性學研究搭檔馬斯特和瓊生（Masters & Johnson）的調查結果[2]也指出：**性滿意度較高的性伴侶，其自慰頻率也較高。**他們認為原因在於，會自慰的人，往往對自己身體的需求更敏感，也更了解，而且對性的態度也更加正面，所以在親密關係中也更知道跟對方要求什麼。這個結論同樣反映在我的女性個案中。也就是說，會自慰的女性，性生活都不會太差，而不會自慰的女性，往往有「病」——心理上的。女性自慰的挑戰與男性正好相反，她們不需要擔心過度的問題，而是根本不會。

不止一次，我聽到女性抱怨：「我家那位的技巧非常差，不僅不知道前戲，輕重也控制不好⋯⋯我從來沒有高潮過⋯⋯」於是我會問：「那你自慰時能達到高潮嗎？」聽到這個問題，她們通常有幾種反應：一種是害羞尷尬，漲紅臉說「不會」；另一種是嫌棄冷漠，翻著白眼說「不會」；還有一種是天真無邪，好像發

現新大陸一樣說「不會」。她們說的「不會」，不是指自慰時不
會高潮，而是不會自慰。遇到這種情況，我會舉以下這個例子，
幫助她們理解：

> 你跟伴侶外出吃飯點菜，他問你要吃什麼，你說「隨便」。
結果，他提議點川菜，你說太辣；他提議點東北菜，你說太撐；
他提議點江浙菜，你說太甜。最後你的伴侶不耐煩了，也很困
惑。他把菜單扔給你說，那你點吧！你害羞地把菜單又推回去，
說：「你點吧，你點吧……我也不知道要吃什麼。」

除非你的伴侶是閱人無數的美「食」家，有充分的自信點出
一桌讓你驚豔的好菜，否則他一定倍感挫折。你覺得問題出在哪
裡？出在誰身上？誰應該負起責任？相信聽到這裡的女性都已經
有了答案。如果繼續問：「你是要自己了解喜歡的口味和需求，
還是祈禱上天幫你換一位閱人無數的美『食』家？」大多數女性都
願意，也只能選擇前者。

◉ 橫跨古今中外的自慰文化

國家自慰日（National Masturbation Day），是美國在每年5月7日
舉辦的社會活動，目的是宣導和推廣自慰的權利。自2013年起，
這項社會活動的日期已擴展至將近整個5月，並稱為「國家自慰
月」。西方藝術作品中也有關於自慰的描繪，例如維也納著名畫
家克林姆（Gustav Klimt）於在1916年繪製的作品，《自慰》（圖
2-2）。你可能認為歐美有更加開放的性文化基礎，再加上性解放
運動的推動，西方人才有更多的性表達自由。其實，東方的性文
化更古老，也更加豐富多元，只是你未曾見識過。

荷蘭收藏家費迪南・伯索雷（Ferdinand Bertholet）在1953年出版

一本中國古代的春宮圖冊《春夢遺葉》(*Dreams of Spring*)，其中有一幅畫(圖2-3)，描繪在明代古色古香的場景中，一個柳葉眉、細長眼的婦人神情輕鬆鎮定，雙腿跨過浴盆，一手撐在浴盆邊緣，一手用她的纖纖玉手專注的撫摸著私處，窗外有一個男僕正在觀看。

還有另一幅清朝的春宮圖(圖2-4)，圖中有著三寸金蓮雙腳的女子，半躺在室外屏風後的榻上正在自娛自樂。她在腳踝上固定了一個類似男性陰莖的器具，對準自己的私處，右手捂面露出偷樂的表情。而屏風後也有一位男子正在偷看，面色竊喜。

這兩幅畫中都有偷看的男子，但是他們似乎都是女子自悅的配角，是氛圍背景的一部分，女子在此刻不需要他們的參與。而他們偷偷欣賞的表情透露著他們非常認同女子的自悅行為，且從中獲益頗多。

覺得吃驚嗎？我第一次看到是吃驚的。不過，我更驚訝的是，當我們大多數沒見過春宮文化的現代人，都在驚訝於古代女性可以玩得這麼開時，荷蘭收藏家不僅從中看到了中國古代性文化的開放，還看到了人之性愛於環境之間的和諧之美。我想，從貫穿中西的藝術作品中還能發現，女性的愉悅也是藝術家靈感迸發的源泉之一。

圖中的這位女子，從她的三寸金蓮就可以看出當時的文化對她生存方式的束縛，但她依然沒有忘記取悅自己身體的權利，她肆意地、如痴如醉地製造並享受著身體的愉悅。這是天賜的愉悅，擁有者本該盡情享受，且心感敬畏與榮耀。如果活在現代社會的你以前不會，就趕緊學吧！帶著專業、科學、藝術的精神學習自慰。陰蒂上的八千多個神經末梢，是大自然賦予女性的最高獎賞！

圖2-2 《自慰》克林姆（*Seated Woman Masturbating*, Gustav Klimt），1916年，37.4 x 55.8公分

©Gustav Klimt@Wikimedia Commons

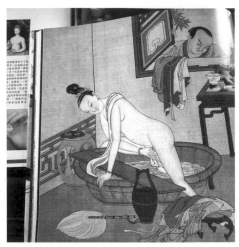

圖2-3 古代春宮圖

he exquisite
at is rarely

tions blend
ors of dec-
ters. These
es, or set
mpositions
pages 17
ve a kind
with the
space and
found in

or 'par-
them to
amorous

圖2-4 古代春宮圖

從綁縛與調教中
獲得療癒

個案❻ 你不是異常，只是口味比較重

陶先生：我沒有交過女朋友，性癖好有些異常，喜歡捆綁主題的A片，我是不是病得很重？

心理師：不要用「癖好」這個詞為自己貼標籤，而是用「偏好」來描述自己的興趣所在，也不要把「病」這個概念隨意扣在自己身上。

　　還記得第一章介紹過的喜歡黑絲襪的姜先生嗎？他曾經被心理師判定為「不正常」，又遭太太嫌棄，覺得「後悔嫁給他」，讓他深受打擊。在那個案例中到底誰對誰錯呢？首先，這樣的診斷恐怕有失中立，說明該心理師的性觀念也有偏頗。對於當事人和其伴侶來說，這個問題沒有絕對的答案。只能說，不同的看法印證了每個人的性觀念是不是夠中立、豐富、多元、明智或有彈性。一個人的性偏好是「性福」生活的調味劑、是違背倫理法律的怪癖，還是鮮為人知的自我療癒？要做出適當的判斷不僅需要知識，更需要智慧。

從性偏好突破，確認諮詢問題癥結

　　陶先生是一位30歲出頭的「母胎單身」。他的諮詢目標不太

明確，究竟是想要搞懂自己為什麼找不到女朋友，探索自己的「性」，還是想緩解自己的雙相情緒障礙[5]？好像都是，又好像都不是，我們只能一邊探索一邊驗證。

陶先生的身高、體型中等，戴一副金屬框眼鏡，皮膚有點蒼白，氣質很斯文，說話有點結巴，總是穿著灰色的夾克，是比較典型的「理工男」形象。他一開始敘述的困擾是，他已經30歲了，家裡長輩催他結婚，但是他一直無法跟任何人建立親密關係。他不太明白為什麼，覺得自己有些「異常」。我不太清楚該怎麼理解他口中的「異常」，我們聊了幾次也沒什麼突破。我每次都被他的理工邏輯繞得原地打轉，必須另外尋找突破口才行。

以我對「理工男」的了解，他們大多收藏了各式各樣的色情片，有些喜歡北歐風，有些喜歡島國片，有些喜歡非主流的重口味。通常這類話題是了解理工男的好方向，於是我直接問他最喜歡的片子是哪一類。他猶豫了一會兒後告訴我，他最喜歡看「捆綁」主題的片子。

「捆綁」，又稱「繩縛」，屬於綁縛與調教（BDSM）的一種性偏好。BDSM是三種權力對應的性遊戲縮寫，B／D是捆綁與調教（Bondage & Discipline），D／S是支配與服從（Dominance & Submission），S／M是施虐與受虐（Sadism & Masochism）。BDSM長期處於社會道德的爭議地帶，受到汙名化和邊緣化，所以在世界各地要麼不為人所知，要麼被少數人玩得太極端，要麼遭大多數人誤解。只有少數玩家致力於將其遊戲規則規範化和安全化，

5　雙相情緒障礙（Bipolar disorder），俗稱躁鬱症。意指憂鬱症和躁狂症兩種症狀在個體身心中交替出現的一種情緒障礙。心理師接手此類個案的首要條件是確保當事人已經相關醫療院所開立處方藥物，並且按時服用，才能進行諮詢（原則上無論臨床心理師或是諮詢心理師都不能開立精神藥物）。

BDSM的職業化也在少數已開發國家得到認可。比如，在荷蘭、德國和日本，專業的支配者或施虐者是必須持有執照才能從事的職業。如果遵守相應的規則，**BDSM 既是一種獨特的性表達方式，也是一種性權力遊戲**。專業規範的遊戲中通常不涉及性器官的直接接觸。同時也有愈來愈多的性學專家發現，BDSM是具有療癒功能的儀式。有些人對其中一種方式情有獨鍾，有些人喜歡多種方式混搭。

性表達有偏好不是病

陶先生喜歡「捆綁」，那是否也喜歡BDSM中的其他項目呢？他當時還不了解BDSM的內容和意義，只是很擔心有這樣「癖好」的自己是不是「病」得很嚴重？

首先，我跟他強調，不要再用「癖好」這個詞為自己貼標籤，而是用「偏好」來描述自己的興趣所在。其次，也不要把「病」這個概念隨意扣在自己身上。因為人類的性表達方式是豐富多樣的，但無論哪一種性表達方式，都必須符合性行為的四個基本原則：

❶ 當事人都成年；❷ 當事人都同意；❸ 保持行為的隱私；❹ 確保當事人安全和健康。

在充分了解BDSM的知識重點、存在意義和操作規範之後，陶先生的焦慮指數便有所降低。在後續諮詢期間，他陸續找到志同道合的玩伴，嘗試了BDSM裡的其他遊戲。同時，他的情緒障礙明顯得到緩解，人際交往能力也有所提升。

◈ 是角色扮演遊戲，還是單方面施虐？

　　許多人是看了美國電影《格雷的五十道陰影》（*Fifty Shades of Grey*）而認識BDSM，然而這部電影卻受到這個領域的專業玩家嚴厲批評，說其中扭曲了這個遊戲的初衷，讓觀影者誤以為BDSM是像電影男主角那樣有心理創傷的人才會玩的。實際上，**BDSM愛好者大多沒有心理創傷，純粹就是口味比較重。** 或許你對於陶先生的故事感到既詫異震驚，又難以理解，而BDSM看起來既陰暗又暴力，明明就是變態行為，心理師怎麼可以鼓勵諮詢的個案去玩呢？又或者你覺得：哇，這麼刺激，還有這樣的圈子？哪裡有？我也想去試試。這兩種反應其實都很正常，這也是BDSM這些非主流的性表達方式頗具爭議的原因。

　　《精神疾病診斷與統計》[3]（*Diagnostic and Statistical Manual of Mental Disorders*，簡稱DSM）記錄了界定和診斷各種心理疾病與障礙的國際標準。從1952年的第一版到2013年的第五版，每一版都涵蓋各種已知或是新發現的心理現象和判別方式。在「性」這個主題上，某些現象在其疾病清單中進進出出。也就是說，有些現象曾被視為疾病或障礙，但隨著科學和研究的進展而逐漸去病化，後又因為政治或社會因素而重新納入。比如在1968年的第二版中，同性戀被列為心理疾病的範疇。但到了1973年的第三版，美國精神醫學會（American Psychiatric Association）嘗試將其去除，但因為各種政治和社會因素，直到1987年才終於實現。

　　而關於BDSM的診斷，根據第五版的定義，「性受虐」必須滿足兩個條件，缺一不可：

❶ 從被羞辱、打、捆等類似行為、幻想的疼痛中獲得性興奮，且持續這樣的偏好超過六個月。

❷ 因為這個偏好而影響正常的社會生活。

而「性施虐」也必須滿足兩個條件，缺一不可：

❶ 在向他人實施心理或生理痛苦的行為、幻想中獲得性興奮，且持續這樣的偏好超過六個月。

❷ 未經他人同意而付諸行動，且影響正常的社會生活。

這兩種偏好皆被診斷為「性慾倒錯」。

這是美國精神醫學會經歷多次學術辯論後做出的修改。前三版的《精神疾病診斷與統計》中，「性慾倒錯」章節最受諸多學者批評的一點，是其中忽略了BDSM活動有明顯且關鍵的「雙方同意原則」行為準則。**如果沒有同意原則，一方濫用權力，向弱勢的另一方施虐，那就是病態或者犯罪行為**。但如果當事人同意，且雙方針對後續即將採取的形式、方法以及安全措施進行溝通、協商，就不屬於施暴行為，只是一方願打、一方願挨的角色扮演遊戲。

所以，陶先生只要能遵守四個基本原則：❶ 當事人都成年；❷ 當事人都同意；❸ 保持行為的隱私；❹ 確保當事人安全和健康。他就有權利也有資格去體驗。而且**愈來愈多研究證實，遵守遊戲規則的專業BDSM對於焦慮情緒障礙具有很奇妙的療癒作用**。

這種奇妙的療癒作用顯現在陶先生身上。隨著諮詢進展，陶先生愈來愈常談到他的原生家庭，這時我才更加了解他滿目瘡痍的家族祕密。他的外婆和母親都患有精神分裂症，她們不僅被外人嘲笑，還多次遭遇生命危險。外婆最後是自殺身亡，而母親也曾多次嘗試自裁。他在如此不安、暴力和歧視的環境中長大，所

以現在才會遭受雙相情緒障礙的痛苦，必須定期服藥以維持情緒穩定。

說實話，他在那樣的環境長大，能夠考上大學，並在大都市找到固定工作穩定下來，已經是奇蹟了。現在只要他能保護好自己，也不傷害他人，嘗試一些探索自我的性遊戲，或許能為他人生灰暗的底色抹上一絲光亮。更值得慶幸的是，陶先生在遊戲中探索自己邊界和喜好的同時，竟然也認識了有共同愛好的女孩，繼而開啟了青澀的求偶旅程。在後續幾次諮詢中，他更常求教女性心理以及兩性相處的方法。在我看來，這就是BDSM對他施展的最有效療癒。

◉ 施虐與受虐都擁有主導權，有助自我療癒

這種遊戲或者說儀式，到底是怎麼發揮療癒作用的呢？

目前心理學術界還沒有共識，但據我分析，BDSM的療癒作用跟心理主導權密切相關。人早年經歷的創傷中，有一個很著名的心理學現象叫做「習得性無助」（Learned helplessness）。這是什麼意思呢？有一個小故事能提供清楚的解釋。

動物園裡失火了，火勢很大，很多小動物都不幸被燒死。相關人員進行調查時發現，有一頭成年大象也被燒死了，而牠腳上只有一根細細的鐵鍊。

調查人員覺得很奇怪，這根鐵鍊對於這頭大象而言根本不算什麼阻礙，只要稍微用點力，就可以掙脫鐵鍊，逃出生天。然而大象卻被活活燒死，這是為什麼呢？

後來聽了飼養員的解釋，他們才知道，這頭大象從小來到動物

圍，飼養員就用這條鐵鍊拴住牠，那時候的小象無法掙脫，在日復一日地多次嘗試失敗後，牠放棄了，相信自己「不可能掙脫」，一直到小象長大仍深信不疑，以致火焰燒身時，牠也沒有再嘗試掙脫。這就是「習得性無助」。

也許你認為這頭大象太笨了，人肯定不會放棄掙扎。但事實上，許多人的心理狀態跟這頭大象一模一樣。他們從小就無法掙脫心理的鐵鍊，即使現實的火焰灼燒他們，讓他們焦慮徬徨、抑鬱無助，他們依然不知道如何掙脫。遭遇家暴、情感勒索、生存恐嚇和身體羞辱的孩子，長大後就像那頭無助的大象，成長在充滿情緒暴力和死亡威脅家庭裡的陶先生也是這樣。

面對這些深受「習得性無助」困擾的個案，心理治療有一個非常有效的方法，就是重現無助的場景。但是這一次，要為受困者賦能，為他們創造機會突破那條「鐵鍊」的阻礙。要讓他們知道，**「我是一頭大象」**，**「我」有能力和實力掙脫曾經捆綁「我」的阻礙**。而專業的BDSM就能創造這樣的場景，在「同意原則」下，無論儀式是捆綁、羞辱或是製造疼痛，當事人都可以隨時透過「安全詞」[6]提醒另一方，或直接喊停。

這樣的機制反覆運行，目的是部分重現當事人曾經受創傷或被限制的場景，但非常重要的關鍵是，**給予當事人隨時改變和停止的主導權**。當事人在這個過程中，不斷強化自己擁有的主導權，從而得到心理賦能，迭代過去的「習得性無助」，重新獲得「事在人為」的思考模式。而對於沒有明顯創傷的個案，擁有這

6　安全詞（Safeword）：通常在BDSM中，角色扮演雙方在前期協議中，會設置好安全詞，比如：綠、黃、紅，用以表示三種情況：1. 在可接受範圍內，想要繼續；2. 接受度的邊緣，不要再進一步加強；3. 立刻停止。

樣的主導權，也能大幅度緩解存在性焦慮[7]。這個治療原理在完形治療[8]、戲劇治療[9]中皆獲得無數運用和驗證。而BDSM需要的是不斷規範化和專業化的管理，而不是一味地打壓和妖魔化。

然而諸多邊緣化的性偏好形式尚未實現規範化和專業化，所以我們更需要拓寬自己知識的邊界，提高個人的心理功能。作為心理師，在倫理和法律允許範圍內的容納度愈高，愈能幫助諮詢個案。而作為當事人的伴侶，你愈清晰自己的邊界，愈知道應該直接拒絕還是接納對方的偏好，將之轉化為幸福生活的調味劑。作為當事人，區分慾望與現實的能力愈強，愈不會陷入強迫性思考和情緒，身心愈自洽健康。

◈ 關鍵：掌握現實與幻想的界線

能夠區分幻想和現實的差別，是心理功能高低的關鍵標準。而容許自己的慾望到什麼程度，在多嚴格的標準下控制自己的行為，則是身心健康和成熟與否的關鍵標準。容許慾望的程度愈高，身心壓抑的程度愈低；自控能力愈高，社會成功的機率愈高。

圖2-5是一個四象限圖，了解佛洛伊德理論的讀者，可以把「容許慾望」理解為「本我」，把「自控能力」理解為「超我」。

7　存在性焦慮（Existential Anxiety）：意指人對於自己存在的意義感到迷惘，而產生的焦慮。

8　完形治療（Gestalt Therapy）：意指心理師引導個案覺察當下的自己，了解自己，發掘自己的潛能；不僅強調內在的整合，也注重與外界和諧共處。

9　戲劇治療（Drama Therapy）：意指心理師引導個案透過角色扮演、創作故事等方式，表達內心（甚至潛意識）的想法、情緒，藉此干預、協助個案面對、緩解心理困擾。

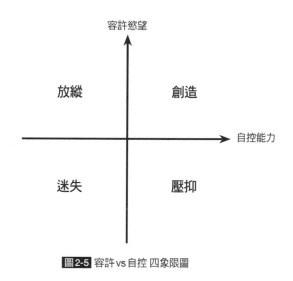

圖2-5 容許 vs 自控 四象限圖

但這兩種體系的差別是：「本我」和「超我」是對精神層次靜態的描述，但「容許慾望」和「自控能力」是性心理能力的描述，強調動態變化。

左上的高容許、低自控是放縱象限，意味著個體有想像的空間和能量，但無法適應外界環境的邊界規範，其行為的放縱將導致巨大的社會代價和道德後果，比如諸多反社會和違法行為。

左下的低容許、低自控，是能量低下且無序的迷失象限，這樣的個體通常遭受嚴重的精神疾病困擾。

右下的低容許、高自控，是精神分析學派（Psychoanalysis）所說的壓抑象限，自我發展欠佳，超我的控制太強，也就是被外界環境的要求擠壓過多的自我空間。這樣的個體往往深受抑鬱和焦慮症的困擾。

右上的高容許、高自控是創造象限，意味著個體可以清楚區分幻想和現實的差別，不僅能夠容許自我醞釀挑戰外界環境的想

法，也能控制自己的行為以適應外界環境。以精神分析的用語來說，就是自我強大之後，本我和超我得以和諧共處；以人本主義的用語來說，就是自我實現到自我超越的過程；從本書的角度來說，就是生理身體、心理身體和社會身體的整合統一。這樣的個體往往可以將挑戰的能量昇華為創造力，從而拓寬外界環境的邊界，比如藝術家、音樂家、發明家，以及各種推動社會發展的創造者。第七章將會為大家介紹這樣的個案。

所以，「性」從來不是問題，如何看待「性」才是人類一直以來的課題。西方在宗教的敘事影響下，以「罪感」來壓抑人類的「性」，進而引發近代的性解放運動。東方在「陰陽和合」的道家哲學影響下，曾於古代發展出璀璨豐富的性文化[4]，但到了近代，反而在政治影響和「恥感」文化建構下收斂隱藏。作為現代人，我們背後是多元的古代，前方是中立的科學，右邊是傳統的東方，左邊是開放的西方。所幸我們不需要選邊站，這也不是單選題。如今是一個文化匯聚、復興、整合的時代，**我們可以透過學習，把所需、所想、所愛、所欲，分開來、揉碎，再重新塑型，形成個人獨特和健康的性愛觀**。是的，我們就身在這樣一個最酷的時代！

本書的功能之一是幫助個人快速解構並重構性態度。不過，能力的發展是循序漸進的，隨著意識的流動和上升而變化，並非一蹴可幾。那麼，在心理能力發展到一定程度之前，如果內心產生了讓你驚慌失措的非主流幻想，又或者伴侶提出了「奇葩」的性需求，你該如何應對呢？再或者，長期伴侶希望透過適當的遊戲形式增加樂趣和激情，你該怎麼做，又該如何拿捏分寸呢？具體做法將在本書最後三章更詳細地說明。接下來，我們繼續聊聊關於「解鎖自己」的重要話題。

重建你的性態度 *Notes*

❊ 解構僵化的性腳本，有意識重構屬於你的性腳本，讓社會、心理、生理三個身體和諧相處，就能變得更為自洽。

❊ 「處女膜」是社會建構的概念，用以物化女性，以此形成女性在婚戀市場上的價值鏈，並造成女性羞恥，它的醫學名稱是陰道瓣。

❊ 會自慰的人，往往對自己身體的需求更敏感，也更了解，對性的態度也更加正面。

❊ 不要再用「癖好」這個詞為自己貼標籤，也不要把「病」這個概念隨意扣在自己身上。

第三章

解鎖自己 *Step 2*
拿回你的
性權利

可憐之人，是否有可恨之處？

你要做受害者，
還是掌控者？

如果你對於目前的親密關係品質不太滿意，請在下表選項中勾選符合自己的描述，不符合的打「✕」（如果你目前沒有伴侶，也可以依據最近的一段親密關係來選擇）。

◆ 表3-1 親密關係狀態

狀態描述	符合打「✓」 不符合打「✕」
他（她）不讓我做我喜歡的事	
他（她）從來都不知道我要什麼	
他（她）總是在我最需要的時候缺席	
他（她）從來沒有滿足過我	
他（她）不理解我	
他（她）給不了我想要的東西	
他（她）常常忽視我	
他（她）非要我做我不想做的事	

　　在親密關係中特別具有殺傷力的就是「受害者」思維。以上八個選項中，如果你勾選五個或以上，那麼你「中毒」頗深；如果你勾選三個或以上，那麼你也「中招」了。這兩種情況都需要尋求專業心理師的幫助。如果是三個以下，甚至一個都不符合，那麼恭喜你，你是一個懂得自我賦能，把幸福權利掌握在手裡的人。

　　或許部分「受害者」思維中毒頗深的人會深感委屈，甚至設法舉證自己的伴侶確實很糟糕。的確，我們不能排除你的伴侶是個爛人的可能性，但心理學的研究指出，很多糟糕的伴侶往往也患有心理創傷，或者是人格障礙，也就是俗話說的「可恨之人，必有可憐之處」。而伴侶互動研究也發現，這類人交往的對象往往也缺乏反抗的能力和爭取自主權的能力。所以那句俗話也可以反過來說：「可憐之人，也有可恨之處。」

「愛」不是「被愛」的理由

個案7 就跟我想的一樣，他真的不愛我

紀女士：我以為自己忍辱負重可以換來婚姻穩定，誰知道對方貪得無厭。原來，他真的不愛我。

心理師：在關係中掌握主導權，不要用「愛或不愛」合理化自己的無力與無能。

　　前來找我諮詢的紀女士剛剛跟前夫辦完離婚手續，她的頭髮枯黃凌亂，衣著算是得體，甚至略顯保守，讓人印象最深的是她眼中的怨恨。紀女士說自己的諮詢目標是：「快速走出離婚的陰霾，獲得往後生活的正能量。」

　　紀女士約32歲，她的上一段婚姻持續了三年，離婚的原因是對方外遇。她早就發現了，卻沒有揭穿對方的行為。不料拖了一段時間後，對方竟提出分手。她覺得很不值得，本以為自己「忍辱負重」可以換來婚姻穩定，誰知道對方「貪得無厭」，「小三想要上位」。她用這些詞描述自己和對方的狀態，眼裡的怨恨彷彿能將人吞噬。

『給』了這個人，就必須是一輩子？

你可能覺得她很愛前夫，雙方可能擁有許多美好回憶。但是當她談起兩人在一起的原因，臉上卻沒有一絲甜蜜。她28歲認識前夫，因為家裡一直催婚，兩人覺得彼此條件還算匹配，便開始交往。後來，前夫主動要求，她不知道如何拒絕，於是和他發生了性關係，不久兩人就結婚了，即使她覺得自己並不愛他。我問她為什麼，她說：「我『給』了這個人，就必須是一輩子。」紀女士的婚姻生活並不開心，但她也不知道該如何改善兩人的關係。她覺得對方「愈來愈不在意」她，可也從未表達過不滿。她很想知道對方到底愛不愛自己，又不知道如何開口，覺得問了很丟臉。發現對方外遇後，她甚至認為「不出所料」，由此可知「他真的不愛我」。她還沉浸在受害者的情緒之中，對方便提出離婚的要求。她說，除了意料之中的痛苦以外，她「竟然有一絲解脫的感覺」。

如果紀女士做上面的「受害者」評量，肯定能拿到高分。她的「受害」境遇居然在對方要求離婚後才得以解脫。然而，這一絲解脫也伴隨著深入骨髓的怨恨。**通常，當個體的自我發展不夠完整時，需要依賴外界環境和身邊重要人物的評價來定義自己。**

「被愛」需要主動爭取

佛洛姆（Erich Fromm）在《愛的藝術》（*The Art of Loving*）[1]中對這類迷思有極其經典、簡要的描述。「被愛與不被愛」變成衡量自我價值的標籤，而不是主動爭取和創造的能力；「愛與不愛」也變成不可控制的化學反應，有就是有，沒有就是沒有。這種化學反應在「吸引力」中確實存在，因為其具有人的意識無法控制

的生物特性，以及集體潛意識[1]的作用；但「愛」這個詞，卻被缺乏主導權的當事人濫用，合理化自己的無力與無能狀態。

個案❽ 我有能力養活孩子，不需要委屈自己

艾女士：他先跟別的女人搞曖昧，現在又想復合，我怎麼相信他以後不會再背叛我？

心理師：從個人的自我成長意識，以及對婚姻或關係的信念，可以評估你們是否有機會修復關係並邁入新的階段。

　　另外還有一個截然不同的個案，艾女士，她是我諮詢過自我修復速度最快的當事人。她來諮詢那天顯得非常焦灼，作為一個自我要求完美的優秀女性，她說自己從來沒有面臨過這樣的局面。

　　艾女士從小就知道自己想要什麼，高中便要求家人送她去海外留學，畢業後選擇回國工作。認識先生後很快陷入熱戀，接著結婚、生子。但最近她發現，先生在她懷孕和產後的這段時間，跟其他女性發生曖昧關係。

　　發現當下她非常崩潰和絕望，覺得自己的世界崩塌了。但她不願意屈服隱忍，雖然孩子才兩個月大，她仍果斷提出離婚。她說：「我有能力養活孩子，不需要委屈自己。」

1　集體潛意識（Collective unconscious），又譯作「集體無意識」，是榮格（Carl Jung）提出的人類潛意識結構中的一個層次，有別於個人潛意識，它意指人類經由祖先代代相傳、積累在潛意識中的共通的精神世界，常以原型、圖騰、符號、陰影，等形式流傳或展現。

我怎麼相信他以後不會再背叛我和家庭呢？

她提出離婚後，先生顯得非常後悔和痛苦，百般挽留，並與曖昧對象切斷聯繫，重新聚焦於家庭。她對先生的反應半信半疑，諮詢過程中，艾女士問道：「我怎麼相信他以後不會再背叛我和家庭呢？」

心理師不會算命，當然無法直接回答她的問題，但心理師可以藉由伴侶共同諮詢，透過觀察互動模式，評估兩人的心理功能，衡量雙方關係的優勢、劣勢，提供注意事項和改善方法。每次遇到個案需要心理師的經驗輔助，好做出下一步決定的情況，我認為很重要的一步就是邀請當事人的伴侶參與諮詢，藉此評估這對伴侶的兩個重要心理因素，看看他們到底需要什麼支援，才能走出危機，修復關係，踏入更牢固的新階段，又或者是修復的機會渺茫。這兩個心理因素是：❶ 個人的自我成長意識；❷ 雙方對婚姻或關係的信念。換句話說，伴侶任一方的人格缺陷，以及是否堅定地想要維護這份感情，都會影響到關係的修復。

積極建立「被愛」的自信

艾女士跟先生一起來做了幾次伴侶諮詢。剛開始她先生的話很少，對於自己造成的婚姻問題顯得很羞愧，但他願意配合諮詢，以減輕妻子的痛苦，希望兩人可以盡快恢復正常生活。從他為數不多的表達中，我發現他重新調整了自己的慾望和家庭的先後順序。他對妻子的感情依賴和認可，以及他對之前行為的悔意，值得肯定。因為意識到失去妻子的可能性，他彷彿一夜之間從衝動的青少年，蛻變成懂得權衡輕重的成年人。以個人自我成長而言，這是非常好的現象。

整個諮詢過程大概歷經了 2 ～ 3 個月，艾女士還處在產後恢

復期，但她依然果斷地做了幾件事：

❶ 恢復跟先生的性生活。

❷ 將照顧孩子的瑣碎事務外包給保母，自己聚焦在跟孩子親近和玩耍的優質時間。

❸ 回歸職場。

她每一次來諮詢，我都可以看到她臉上的神情變化，一次比一次有神采，一次比一次有自信。

艾女士感覺愈來愈好，我又邀請她先生來參與諮詢，確認他的感受和想法。談話之前，兩人的坐姿已充分表明他們的關係恢復得很好。艾女士和先生坐在長沙發上，她離我較近，他較遠，兩人輪流表達想法和感受。突然我發現，艾女士兩手環抱在胸前，其中一隻手穿過另一隻手的腋下，伸向她先生。而她先生也伸出一隻手，跟她輕輕交握。這個牽手的角度和力度，像極了熱戀情人去見家長的小動作。

看到這個動作後，我立刻確定他們的關係已經修復。我很驚訝他們如此快速地修復關係，於是好奇地詢問他們，以確認是否真是如此。結果，他們不僅確認彼此的關係修復，還發現兩人的婚姻似乎進入新的階段。他們不僅更加了解自己和對方，對婚姻和愛也有更深入的理解。

◈ 你愈獨立，伴侶愈容易成長

艾女士和先生修復婚姻關係的案例證明了，**既沒有完美的人，也沒有完美的婚姻，但卻有完美的成長與超越**。這對伴侶所展現的幾項心理特徵，值得每一對伴侶參考，並從中獲得啟發。

❶ **艾女士的「性」主動意識**。艾女士一開始就確認了自己對先生的激情，她在親密關係中一向主動。跟許多產後嫌棄自己身材的女性不同，她產後兩個多月就主動跟先生恢復性愛關係。當然，這跟她合理安排育兒工作，恢復運動，讓自己的心情得以修復也有關係。

❷ **艾女士的精神獨立**。哪怕孩子還小，她也敢於做出不遷就的離婚決定；又把自己從繁重的育兒工作中解脫出來，但仍堅持跟孩子的親近；還提前結束產假，回到職場，找回自己的價值感。

❸ **伴侶各自成長**。有這樣獨立自主的妻子，伴侶自然不會面臨過多的情緒勒索、道德指責，以及繁重的經濟壓力，他也可以聚焦在理解自我的情緒和重新安排人生的優先順序，進而在這些自我成長的議題上，相對快速地提升。

也就是說，他們具有相對獨立的人格，旗鼓相當的自信與能力。婚姻關係岌岌可危時，雙方不會相互拖累，不會相互糾纏，不會相互加害，而是在各自成長的同時，也給予對方時間、空間和力量。雖然他們對婚姻的信念遭遇挑戰，但他們的關係也因此得以重建，變得更加牢固。

人生的色彩
由「性」決定

　　「做愛就像生火燒水」的比喻中，生火代表慾望升起，燒水的過程代表身心的變化。表面上像是將人的身心物化，而自我物化又是本書反對且警惕的現象，那麼這樣比喻有什麼好處呢？其實，這個比喻還有一層絕妙的深意，隱藏在下列問題中：是誰在燒水？一個人是否對自己的「性」以及生活握有掌控權，甚至自己的命運由「我」還是由「天」，都蘊藏在這個答案裡。

　　是誰在「燒水」？答案乍看再簡單不過，肯定是自己的水自己燒啊！但是，比較上一節的艾女士和紀女士就可以看出區別，她們之中，有一位是自己燒水，而另一位不是。

❖ 我的身體為什麼不屬於我？

　　艾女士的身心幾乎完全屬於自己，是她自己在「燒水」。她從15歲出國起就一直自己做主，生活的選擇由自己決定，自我的好惡和原則分明。他人的行為雖然會對她產生影響，但她總是把決定權留給自己。不僅職業、婚姻的選擇權在自己手裡，對於身體的掌控和愉悅的追求也緊緊握住不放。她識別出自己對伴侶的慾望後會主動去獲取性愛、追求愉悅；她知道自己的價值感在育兒期間搖搖欲墜，便提前回歸職場；哪怕是婚姻遇到危機，「燒

水」的人受到他人打擊、環境干擾，她依然沒有怨天尤人。很顯然，她對自己的「水」全權負責，她就是那個「燒水」的人，所以即使面對生活中的種種挫折，她也有一種「殺不死我的讓我更強大」的氣勢。

紀女士的身心則幾乎不屬於自己，她把「燒水」的權力交給別人。在結婚方面，她聽從家裡人的意見，跟自己沒有深厚感情的對象結婚；在性事方面，她忠實服從舊社會的腳本，「第一次性經驗『給』了他，就必須是一輩子」；在婚姻維繫方面，她任憑丈夫決定。生疏、出軌、離婚，整個過程中她從來沒有採取主動。她的態度如同對自己的身心──棄權。她沒有把握自己身心的所有權，只是被動地承受痛苦。不僅她的身體沒有沸騰過，她的生活也沒有精采過。**她停留在「受害者」的位置上怨恨別人，因為這比怨恨自己更容易。**

這兩種「自己的水自己燒」和「不知道水是誰的」的心理狀態，正好對應「我命由我」還是「我命由天」兩種不同的人生信念。除了東方文化的影響外，在心理身體上，還跟「主觀能動性」概念息息相關，英文是「Sense of Agency」，簡稱「SA」。

主觀能動性是一種相信自己在世界上能夠發起、執行並控制自己的意志行動的主觀意識[2]，通常與自己的「所有權感」緊密相連。一般來說，**所有權感愈高的人，愈有主觀能動性**。用燒水比喻，就是一個人對自己的水愈感到擁有所有權，就愈相信自己在燒水的行動上握有主導權。

嚴重缺乏主觀能動性的人通常有一個明顯的問題，即自我物化，症狀包括：

❶ **對自己身體形象過度苛刻**：永遠覺得自己的身材不夠完美，持續自我貶低。

❷ **在性生活中過於被動**：也就是不敢要、不會動、不出聲，更不會變換體位，缺乏反應。常常把伴侶弄得無所適從，最後感到無趣。

❸ **強調身體的功能，而非感受**：身體作為物品，功能最重要，感覺不重要。

❹ **不配得愉悅感**：認為討論性愛的愉悅感是不正經且下流的。

　　自我物化（Self-objectification）是近年來性學和性別研究者特別關注的概念，意指人把自己當成使用的物品，而不是完整的人。自我物化源自於個人將被他人物化的感受內化後，形成的心理狀態。簡單地說，就是**從小就被人這樣對待，於是就習得這樣對待自己**。這樣的現象沒有性別之分，只要是生活在社會上的人都可能受到影響，但是女性自我物化的傾向更明顯。如果個人意識不到自己的這種心理狀態，不僅可怕，而且可悲。前文提到的處女情結，以及把性當成交易的個案，都是自我物化的結果。

個案❾ 我不過是傳宗接代的工具

A先生：就因為我是家裡唯一的男孩，備受家人關注、呵護，但我卻覺得窒息，覺得家人看重的不是我這個人，而是我的性別。

心理師：不斷壓抑身體被物化的憤怒，導致你自我閹割了。

　　曾有一位男性個案因為心因性勃起功能障礙前來諮詢。他30多歲，三年前結婚後一直沒有孩子。最近他發現問題有點嚴重，因為他連「造人」的行動都無法順利完成。他非常焦慮，偶爾還會恐慌症發作。在諮詢過程中，他娓娓道來自己的故事。

家族沉重寄望下自我閹割的男人

作為家裡的獨子，三代單傳，他從出生起就受到家人百般關注、萬般呵護。對此他從小就感到五味雜陳，一方面，他覺得自己很幸運；另一方面，他又對家中的姐妹心懷愧疚。隨著年歲增長，原本的幸運感慢慢變成窒息感。他的每一個人生選擇，都承載著整個家族的寄望。那些期盼無比沉重，讓他喘不過氣。他順利考上大學、在大城市成功站穩腳跟後，家裡人開始持續不斷地催婚。28歲那年他結了婚，頂著家裡的壓力跟妻子過了兩年兩人世界，也累積了一些經濟基礎。

一年前，因為父親生病，生孩子的「計畫」變得迫在眉睫。就在這個時期，他的性功能出現問題。諮詢期間，我們嘗試了一次潛意識對話，他終於在半催眠的狀態下說出那句壓抑在心裡許久的話：「我覺得**他們看重的不是我這個人，而是我的性別。**」當下我明白了他性功能障礙的原因，他的身體在被物化卻又無法表達的憤怒下，自我「閹割」了。

個案10 從未高潮的女人

B女士：我在夫妻性愛中從未感受過愉悅，覺得性這件事就是妻子對丈夫應盡的義務。

心理師：「習得性無助」的心理，在「性」權利上自動產生「棄權」效應，限制了個人自我認同的終極權力。應抱持「除了自己，誰也沒有義務讓我高興」的態度。

另外一個女性個案，B女士因為輕度憂鬱和婚姻問題前來諮詢。她說，丈夫經常出差，但對她很好，每個月也會給足夠的生

活費，她不需要出去工作，丈夫只要求她把家和孩子照顧好。她認為這一切都在情理之中，卻不知道為什麼開心不起來。她去做了評估，才發現自己罹患憂鬱症已有一年。談到性生活，她坦誠地說，很好奇高潮到底是什麼感覺，她在性行為中從未感受過愉悅，而且她對於伴侶之間應有的性溝通也完全沒有概念，覺得性這件事就是妻子對丈夫應盡的義務。更讓人心疼和匪夷所思的是，她因為藥物副作用不能服用避孕藥，但她先生堅持不戴保險套，導致她在三年內流產四次。她敘述這件事的時候面色蒼白，毫無表情，眼神僵滯，好像在說別人的事一樣。

你放棄的不是身體而是人生

　　為什麼『性』的主觀能動性會跟人生選擇緊密相關呢？這個問題就是關鍵所在。「性」代表了人類最隱私、最脆弱、最祕密的本能需求，因為其力量巨大而受到社會體系最為嚴苛的監管。個人意識將此監管內化，在心理上形成「習得性無助」，在「性」權利上自動產生「棄權」效應。所謂的「棄權」就像木桶效應——最短的木板決定了木桶的水容量——限制了自我認同的高度。

　　同時，不同的個體內化程度不同，內在能量不同，展現出的主觀能動性也不同。一般來說，**主觀能動性愈高的人愈引人注目**。只要沒有人格障礙，一般會形容這些人是「不羈」和「有個性」。這樣的自我狀態不會壓抑，這樣的人生狀態充滿了絢爛的色彩。美劇《慾望城市》（*Sex and the City*）「慾女」莎曼珊曾說過一句經典台詞：「你在床上的表現如何，你的生活就過得如何。」如果你覺得東西方文化相差太遠，那麼陸劇《歡樂頌》裡曲筱綃的金句或許更有共鳴，那就是：「除了自己，誰也沒有義務讓我高興。」

勇敢說出
「我真的很想要⋯⋯」

在諸多心理案例中，對自己的「性」持有主觀能動性的人，比如艾女士，普遍具備表中所列態度，你也可以自我檢視看看：

內在對話	性態度	符合打「✓」 不符合打「✗」
「自己都不了解自己，憑什麼要求別人？」	我有責任了解自己身心的好惡。	
「沒有誰值得我委屈自己。」	我的性好惡值得被他人尊重。	
「不能『獨奏』的人，怎麼可能『合奏』？」	我可以自己動手滿足性慾。	
「沒有什麼事不能溝通！」	我有必要與伴侶溝通彼此的好惡。	
「我真的很想要⋯⋯」	我值得被伴侶取悅。	
「從接受拒絕的態度，也能看出愛的程度。」	我不願意時，可以拒絕伴侶的要求。	
「我不要把自己的生命押在對方的良知上。」	我有責任採取預防疾病和避孕的措施。	
「我的身體，我做主！」	我對自己身體的健康與美好握有發言權。	

把上面幾條描述與本章開頭的「受害者」評量相較，就可看出這些態度都是正向且積極的。你也可以藉此評估一下自己。符合的描述愈多，代表你的主觀能動性愈強。

◈ 排除外界干擾，傾聽自己內心

以下五個提升主觀能動性的具體方法，供你參考並舉一反三。

方法1 辨識外界的物化觀念，切斷干擾的源頭

自我物化的源頭來自社會環境對個人身體的物化，尤其是對女性，而個體無意識地內化了外在的物化觀念和行為，比如：

親戚說：「你不能再胖了，再胖就嫁不出了。」

→ 用體型定義人生價值。

網路評論區說：「她年紀都多大了，還出來唱跳。」

→ 用年齡限制興趣愛好。

社群媒體說：「沒有美顏過的圖哪來的勇氣上傳。」

→ 用虛擬貶低真實。

沒錯，如今的文化趨勢就是如此，但你必須學會辨識這些聲音對你的影響，適時切斷對你有害的聲音。怎麼切斷？封鎖某些物化傾向嚴重的社群媒體，關掉評論區，對周遭物化他人的話語左耳進、右耳出……如果你的力量還很渺小，就**優先保護好你的心理健康和能量，這是你的責任！**

方法2 重新思考社會對你的要求，真的是「為你好」嗎？

找一個伴侶、結婚、生子、創業、買房、買名牌、去世界五百大公司工作……這是別人要的，還是我要的？重新思考並回答以下問題：

這些一般社會大眾高度推崇的生活方式和消費行為，是誰在推銷？是誰在引導？

誰會獲益？滿足了誰的動機？

我願意隨之起舞嗎？

這是我要的生活嗎？這是我喜歡的嗎？

這是我覺得有意義的，還是不知不覺被捲入的？

方法3 你是誰？你看見完整的自己了嗎？

為自己列一份「我是誰」的清單，內容包括：

❶ 我喜歡別人叫我的名字是＿＿＿＿＿＿。

❷ 我的生理性別是＿＿＿＿＿＿。

❸ 我的心理性別是＿＿＿＿＿＿。

❹ 我最想成為的人是＿＿＿＿＿＿。

❺ 我最害怕自己的陰暗面是＿＿＿＿＿＿。

❻ 我最樂於展現自己的是＿＿＿＿＿＿。

❼ 我最嚮往的生活方式是＿＿＿＿＿＿。

❽ 我渴望的伴侶是：＿＿＿＿＿＿。

❾ 我最愛這個世界的＿＿＿＿＿＿。

❿ 說一句話表達你對自己的愛：＿＿＿＿＿＿。

補充你對自己的定義，愈具體，愈能幫你抵禦外界對你的定義。

方法4 了解你的能力等級，聚焦你能控制的

畫三個同心圓圈：

內圈是「控制圈」，填在裡面的是你自己可以控制的，比如，健身、作息、看書、飲食、穿著等；

中圈是「影響圈」，填在裡面的是你可以影響但無法控制的，比如，同事對你的態度、工作的成果、伴侶的心情、家中的氛圍、性愉悅等；

外圈是「毫無影響圈」，比如，天氣、交通狀況、社會的趨勢、國際戰爭等。

了解自己現有的能力是一種智慧，**做到「控制圈」裡的內容是首要責任，否則提升能力的口號都將淪為空話。**

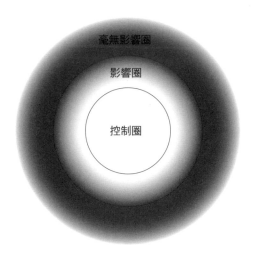

圖3-1 控制圈—影響圈—毫無影響圈

方法5 堅決反抗被物化，保護自己也保護他人

　　若是自己的能量足夠，便加入抱持共同心願的團體，承擔更大的社會責任。面對周遭的人或社會媒體物化他人的言語，要在保護好自己的前提下反擊，溫柔堅定地反擊，不厭其煩地反擊。對於自己遇到的嚴重不公平待遇，堅決抗爭，同時尋求社會支持。遇到被物化和剝削的事情實屬不幸，**但如果忍氣吞聲，未來一定會痛恨自己**。站起來保護自己，才會有更多人加入保護你的行列，才會有更多人加入保護弱勢族群的行列。

拒絕無套性愛，
因為你值得

　　避孕和預防疾病是誰的責任？許多伴侶會暗暗期待對方承擔，卻又從來不明說。女性覺得這種事應該是男性負責，表面上是因為去商店買保險套、避孕藥很尷尬，然而深層的原因是，女性認為男性在性事中獲益更多，所以理應付出更多（這是狹隘的社會腳本造成的不合理信念）。但男性是怎麼想的呢？從進化論的角度來看，美國著名生物學家羅賓・貝克在他著名的《精子戰爭》一書中說道，男性一次射精會釋放出上億個精子，目的就是為了讓女人受精，從而讓他的基因得以繁衍。所以會主動配合避孕的男人，真的是超越生物本能的君子。

◉ 女人愈「好」，男人愈「渣」

　　那麼，避孕到底是誰的責任？

　　用家長的口吻說：「當然是雙方的責任！」

　　站在心理師的立場說：「誰在意就是誰的責任！」

　　以本書的觀點說：「**你的身體你負責！**只有這樣的態度，才是真正擁有主觀能動性。」

　　根據世界衛生組織統計，全球每年約有7,300萬人次接受人

工流產手術[2]，相當於每天約有20萬人次。台灣統計人工流產人次加上RU486使用量，平均每年約有22~24萬人次選擇人工流產[3]。中國每年有1,500萬人次接受人工流產手術。其中，25歲以下的人占了一半；一年中流產不只一次的人超過46%！我諮詢的個案中也有這樣的案例，就是前文提到的B女士，她因為副作用不能吃避孕藥，先生又不願意戴保險套，三年內重複流產四次，身心嚴重受創。所以我想再次強調：「你的身體你負責！」、「你的身體你負責！」、「你的身體你負責！」

從過往諮詢的經歷中，我發現經常避孕失敗的女性除了生理原因外，她們在心理特徵上也具有共通性，主要有二個：

❶ **取悅性高，不會拒絕**。這種女性通常很心軟，自我價值感偏低，總覺得自己拒絕了就會影響雙方關係，怕對方不再愛自己。要是對方說不想戴保險套，就不堅持。做愛途中發現沒戴保險套，也不好意思要求對方買，只能服用事後避孕藥，這種做法不僅避孕效果很低，還會損傷女性的內分泌系統。

❷ **粗心大意，缺乏避孕知識**。有些女性對自己的生理週期不是很清楚，更別說避孕常識了。有時候她們會糊裡糊塗地搞錯安全期，況且安全期也不算真正安全；或者是錯吃或漏吃短效避孕藥。

2　Bearak J, Popinchalk A, Ganatra B, Moller A-B, Tunçalp Ö, Beavin C et al. Unintended pregnancy and abortion by income, region, and the legal status of abortion: estimates from a comprehensive model for 1990–2019. Lancet Glob Health. 2020 Sep; 8(9):e1152-e1161. doi: 10.1016/S2214-109X(20)30315-6.

3　資料來源：根據2011/8/2公視新聞網報導衛生署國健局統計數據。

公視新聞網

❸ **僥倖心理，總覺得自己可以安全過關**。這樣的女性也不少，尤其是第一次戀愛的女性。因為經驗不足，總覺得自己的運氣沒那麼差。她們沒有意識到，一旦「中標」，就要付出巨大的身心代價。

經常使女伴懷孕的男性也大致可以分為三類：

❶ **享樂型** 「來呀，快活呀！」	這種男性往往一開始很受女性歡迎，因為他們懂得享樂，懂得在生活中找樂子，會逗你笑，帶你玩。受這類男性吸引的往往就是剛才提到的取悅性高，不會拒絕的女性。因為追求生活中的快感，享樂型男性常會貪圖一時快樂，不做任何防護措施。
❷ **無知型** 「啊，還有這種事！」	這類型的男性談到避孕的話題，常常一臉茫然。他們缺乏生理知識，不知道受孕的可能途徑，也不知道如何正確防範，更不了解後果的嚴重性。
❸ **忽視型** 「管他那麼多！」	有這種想法的男性，秉持的觀點是，反正不避孕的後果不是直接落在自己身上，所以選擇性地忽視。如果一個人同時具備享樂型和忽視型特徵，日後容易成為女人口中的「渣男」。

　　總而言之，懷孕這件事終究是落在女性身上，遇到負責任、有同理心的伴侶是你的幸運；如若不然，還是那句話：「你的身體你負責！」哪怕你遇到的伴侶是負責任的人，你還是要為了自己做好避孕。我看過各種意外懷孕的案例：計算安全期失敗（月經來前三天做愛，中標）、體外射精失敗（沒插入，只在外面蹭蹭，中標）、吃事後避孕藥失敗（還懷上雙胞胎）。也許你以為這些都是偶發事件，但其中是有規律的，那就是：女人愈「好」男人愈「渣」。

◈ N種避孕方法，哪一種最適合你？

以下就來盤點常見的避孕方式，先學習基礎常識，再根據自己的身體條件，選擇最適合自己的方式。

「Your Life」網站（由「世界避孕日」〔World Contraception Day〕的支持者架設）羅列了17種避孕方法，以及各自的原理、有效性和優缺點，堪稱避孕百科全書。建議大家瀏覽網站，相信你也可以成為避孕專家。以下總結出一些觀點：

六種干擾生理激素——避孕有餘，安全不足

其中六種（近1/3）是藉由干擾女性的生理激素來避孕，比如，皮下置入型避孕器、陰道內避孕環、注射避孕針、短效口服藥、避孕貼片、事後避孕藥。除了事後避孕藥的效用很低以外，其他方法的效用都很高，在90%以上。但這些方法並非沒有疑慮，無論是植入皮下、放入陰道，還是吃進身體裡，只要是激素，就會產生副作用。嚴重如體重增加、噁心嘔吐、子宮出血，輕微則足月經紊亂、情緒起伏、陰道乾燥。曾有女性個案哭笑不得地跟我說：「避孕藥的最大功效是讓我失去性慾。禁慾就百分之百有效避孕啦！」但也有體質適合的女性，長期服用優質避孕藥，調節月經週期。另外，這些方法還有個弊端，就是不能防止疾病傳染，對於時常更換伴侶的女性而言安全性不足。

五種屏障避孕法——CP值最高！兼顧安全與舒適

其中五種屬於屏障避孕法，利用工具阻礙精子進入子宮。比如，男性保險套、女性保險套、陰道避孕隔膜、子宮帽、避孕海綿。這類方法的優點是成本低，缺點是效用不如激素避孕法，約

80%左右。其中保險套的最大優勢，是可以防範大部分疾病傳染。雖然這類避孕方法在舒適度上會打些折扣，但CP值相對較高。

兩種避孕效果99%，從此跟懷孕說拜拜

17種避孕方法中，效用最高的是子宮內避孕器，避孕效果高達99%。但這個方法需要將專業器具放置到子宮裡，必須在專業的醫療機構進行。可能只有伴侶固定、性生活規律、子宮條件適合，而且又不願意吃避孕藥的女性才適合使用。

還有一種99%有效的避孕方式，是不可逆的節育手術，用微創技術結紮女性的輸卵管或者男性的輸精管。這種避孕方式比較適合已婚已育，且決定不要再生孩子的族群。

在這17種避孕方法中，效用最低的就是體外射精、計算安全期，以及使用殺精劑，效用均不到80%。

整體而言，**操作性較強、CP值較高、對身體損傷較小的避孕方式，還是短效口服避孕藥和男性保險套。**

另外，關於性病防治，根據世界衛生組織（World Health Organization）[4]的統計，目前已知有30多種不同的細菌、病毒和寄生蟲藉由性接觸傳染。其中八種病原體導致的性病發生率最高。八種之中有四種病原體可以治癒，包括梅毒、淋病、披衣菌和滴蟲病；其他四種是無法治癒的病毒感染，包括B型肝炎、單純疱疹病毒（HSV）、愛滋病毒和人類乳突病毒（HPV）。

4　　資料來源：世界衛生組織官網，〈性傳播感染〉報導網頁。

想要防範無法治癒的性傳染病毒，使用保險套依舊是世衛組織最推薦的措施。目前HPV疫苗已引入約125個國家，世界衛生組織建議針對9～14歲女性接種較具效益，但成年女性及男性也可接種，且具一定效用。

2006年起，台灣陸續引進三種HPV疫苗，只要是台灣本地的國中女生皆可公費接種。而中國自2018年起，也有多個省市逐漸將HPV疫苗納入醫保體系。12～26歲是最佳接種年齡，未成年女性的父母可考慮為孩子接種。

拿回你的性權利 *Notes*

❈ 培養獨立人格、自信與能力，關係雙方才不會相互拖累、相互糾
纏、相互加害，而是在各自成長的同時，也給予對方時間、空間和
力量。

❈ 對自己的「水」全權負責，做那個「燒水」的人，如此一來，即使
面對生活中的種種挫折，也能有一種「殺不死我的讓我更強大」的
氣勢。

❈ 提升主觀能動性，站起來保護自己，才會有更多人加入保護你的行
列。

❈ 你的身體你負責！即使你遇到的伴侶是負責任的人，你還是要為了
自己做好避孕。

第四章

解鎖自己 *Step 3*

性別角色
和我想的不一樣

雌雄同體是有趣靈魂，用心就能看見。

心愛的他
因我的觸碰而沉醉

任小姐：我第一次發現男人也能這樣……我的手指竟然有這種魔力，眞的很奇妙。

心理師：是不是感覺你們的性別角色互換了？其實大多數女性的內在也具有男性特質，一種主動的能量，只是不敢釋放出來。

　　「那天晚上實在是太浪漫了，我可能一輩子都不會忘記。我們喝了一瓶紅酒，都有點微醺……他躺在沙發上，我坐在沙發前的地毯上，我們有一搭沒一搭地說話。我本來是很被動害羞的人，那天不知道怎麼突然放開了……也可能是紅酒的作用吧……一邊聽他說話，我一邊伸出手撫摸他……燈光很昏暗，我覺得他的皮膚微微反光，很好看，所以用手指劃過那些曲線……我也不知道那些撫摸的動作是從哪裡學來的，我從來沒有這樣做過……然後，隨著我的動作，他的身體開始輕輕起伏，從鼻腔發出很沉醉的呻吟聲。那個聲音很好聽，我第一次聽到，整個心都顫動起來，以前從來沒有過那種感覺，真美妙！」

感受人設翻轉的美好

任女士描述著這次難忘的體驗，好似回到當時的場景，十分沉醉。直到我接著她的話尾繼續詢問，她才回過神，有點害羞地紅了臉。我說：「那個體驗好像真的讓你很陶醉！」她說：「是啊，有種說不出的奇妙。」我問：「能形容一下那種奇妙嗎？」她想了想，說：「嗯，就是，他身體的起伏波動，很柔軟細微，他的呻吟非常迷人，我第一次發現男人也能這樣……然後又發現是我的撫摸讓他變成那樣……我的手指竟然有這種魔力，真的很奇妙。」我問：「是不是感覺你們的性別角色互換了，你很強勢，而他變得柔弱？」她興奮得眼睛大睜，連連說：「對對對！在那一瞬間，我沒有男人應該怎樣、女人應該怎樣的想法，就是自然而然發生了。」

35歲的任女士有一種東方女性端莊的美感，她的第一段婚姻因為種種原因無疾而終。前夫在婚姻後期變得很冷淡，有意無意地嫌她太傳統、死板、無趣。她不知道究竟是不是自己有問題，所以來尋求心理諮詢。

諮詢過程中，我們一起挖掘出幾個她不合理的信念：

❶ 女人是由愛生性，男人是由性生愛。

❷ 男人的慾望比女人強烈。

❸ 在兩性關係中，男人應該主動，女人應該矜持。

受到這幾個迷思的影響，她在日常生活和性生活中始終保持著「端莊」的淑女形象，她說：「如果我主動，就會覺得自己太放蕩，那種感覺很嚇人。」

但是自從在第五次諮詢中，任女士回憶起上述跟男友難忘的體驗之後，她變得愈來愈有自信，愈來愈有魅力。回顧那次體驗

讓她明白一件事：**其實她內在也有男性特質，一種主動的能量，
只是過去不敢釋放出來**。她認為自己必須維持端莊、保守、被動
的人設，才能當個稱職的「女人」。然而記憶中最難忘的那個場
景，有幾個元素動搖了這個人設：

❶ 她在微醺之後，意識和認知鬆動，暫時放下以往精心維持的
人設。

❷ 在內在男性主動能量的驅使下，她即興地撫摸了對方。

❸ 對方微醺時非常放鬆，身體和聲音自然流露出陶醉之情。

　在那個當下，他們沒有性別的刻板印象，沒有性器官的既定
任務，只是率性而為。她好幾次把當時的感覺形容為「美妙」，
這實在難以用言語描述，是一種超越身體，靈性流動的美好。

🎯 每個靈魂都是雌雄同體

　伴侶的身心若能隨時隨心地互相轉化，實現能量互動，將形
成最完美的動態平衡。這裡提到的能量互動，以及上面提到的超
越與靈性，既不是文學渲染，也不是心靈雞湯，而是古代東方的
智慧經過現代西方心理學的驗證後得到的結論。深受東方思想影
響的著名瑞士心理學家榮格，他在人格原型（archetype）理論[1]
中，闡述了阿尼瑪（Anima）和阿尼瑪斯（Animus）的概念。阿尼瑪
代表男性潛意識中的女性能量，阿尼瑪斯代表女性潛意識中的男
性能量。這兩種能量存在於兩性的身心靈中，亦即你中有我，我
中有你，物極必反，虛實相應，就如同道家智慧的太極陰陽原
理。

　圖4-1中，白色區域代表女性身心靈中蘊藏著男性能量（陰中
有陽），黑色區域代表男性身心靈中蘊藏著女性能量（陽中有陰）。

榮格的人格原型理論，為
「性」研究提供最大的貢獻有三：

圖4-1 太極和榮格的人格原型理論

❶ 人類的集體潛意識中蘊育的男
　女／陰陽能量，同時存在於單
　一個體身上。從身心靈的完整
　性來看，既沒有純粹的男人，
　也沒有純粹的女人，兩性都擁
　有雌雄同體的靈魂。

❷ 太極圖的精妙之一，是圖中間的S形線條代表了陰陽不斷變
　化和力量互補。所以男女性別之分也不是固定的常態，而是
　持續流動、不斷變化的動態平衡。

❸ 榮格認為，**唯有男性充分接納自己的女性能量，女性充分接
　納自己的男性能量，自我才能完善，達到自性的狀態**。如果
　一個人總是不能接納自己的阿尼瑪或者阿尼瑪斯，那他
　（她）就會壓抑這種能量，導致人格的陰影，投射到別人身
　上，不斷受別人吸引，依賴別人，無法成為完整的自己。

　　任女士過去受制於傳統的女性人設，不僅無法感受完整的自
我，也無法釋放性魅力。而她在身心放鬆的狀態下，蘊藏在潛意
識裡的男性能量終於流動起來，呈現在性行為中，並得到伴侶的
女性能量回應，經歷神奇的美好體驗。這種美好，不僅是一個半
圓遇到另一個半圓後互補的圓滿，更是自我的完整與圓滿。

　　為什麼東方傳承幾千年的智慧和思想如此自然美好，現代人
卻無緣體會，大多時候都無法實現呢？社會學家發現，這是社會
體系與個人相互運作的結果。

忘不了被她強勢地
壓在身下

　　身為心理師，我經常聽到男男女女對於自己在性生活中到底該主動還是被動感到很困惑。比如，曾有男性個案說：「我喜歡主動，因為可以獲得征服的成就感。但我最深刻的性體驗，卻是被她強勢地壓在身下，感覺無力反抗。」也有人問：「我的伴侶連翻身都不會，要怎麼才能讓她放得開？」還有人抱怨：「一開始我主動就算了，但後來總是要我主動，搞得好像我在乞討一樣，超沒興致。」

　　而女性個案往往一頭霧水。剛開始她們以為不能主動，後來發現可以主動卻不敢主動，再後來有點勇氣主動，卻不知道如何主動。怎麼會這樣呢？這就要回到第一章提過的「三個身體」原理。女性的生理身體和心理身體，都被社會身體抑制了。前文提到的任女士就是典型的例子。她的三個不合理信念來自社會性腳本，是最常見誤導兩性的性別刻板印象：

❶ 女人由愛生性，男人由性生愛。

❷ 男人的慾望比女人更強烈。

❸ 在兩性關係中，男人應該主動，女人應該矜持。

◉ 女人不一定感性，男人也未必勇敢

　　性別刻板印象，是社會學和性學的共同議題，其主要作用是規定和限制社會性別分工。社會學家暨性別研究者李銀河[2]曾經說過：「性別刻板印象是對男女的雙重壓迫。」[1]她列出五種典型的性別刻板印象：感性／理性、自然／文化、膽小／勇敢、攻擊性、公領域／私領域。

❶ **女性是感性的，男性是理性的**。此一印象導致大眾合理化女性「多愁善感」，鼓勵男性「理智冷靜」，導致感性的男人被貶低為「娘娘腔」、不夠「堅強」，從而壓抑和汙化男性情感表達的需要。孕育出性腳本中「女人有愛無性，男人有性無愛」的說法。

❷ **女性是自然的，男性是文化的**。此一印象致使大眾對於男性的精神和文化要求高於女性。一方面，要求男性「志存高遠」，女性「無才便是德」；另一方面，要求男性必須是有才華的君子，女性則是有美貌的佳人。

❸ **女性是細膩且膽小的，男性是粗獷且勇敢的**。此一印象致使大眾合理化兩性「適合」的職業，比如，女性就該從事教師、育兒、護士、財務、行政等安穩、低風險的工作；而男性就該從事機械、建築、軍工、銷售等操控性與邏輯性高的工作。反向操作的人不僅容易被邊緣化，還容易受到社會歧視。

1　李銀河星空演講，性別刻板印象是對男女的雙重壓迫，影片QRcode如附。

星空演講（上）

星空演（下）

❹ **攻擊性是男性的象徵。**此一印象暗示男性受到強烈慾望的驅使而具有攻擊傾向。不僅建構出男性在職場上的主導和女性的協助地位，也暗示了男性的暴力傾向，而且在性腳本中也高唱著「在床上男人主動，女人被動」的敘事。就連科普書上，也把精子描述成進攻的士兵，把卵子描述成防守的城池。然而，近年的生物學研究再再證明了卵子主動選擇精子，甚至具有霸道吸附的特性。換句話說，社會腳本的敘事方式與事實並不相符。

❺ **女性屬於私領域，男性屬於公領域。**此一印象形成了男主外、女主內的性別分工。家庭被視為女性的歸屬，「工作找得好，不如嫁得好」；職場和外在環境則是男性的戰場，鼓勵「男人志在四方」，貶低「一天到晚守在家的男人」。

◈ 被罪惡與羞恥壓抑的慾望

這些性別刻板印象將兩性的分工兩極化，雖然有助於社會高效穩定地運作，但同時也塑造了個人的社會身體。體系愈高效，心理捆綁愈極端和僵化。倘若個人內化了這些社會要求，又對自我的身心缺乏覺知，意識流動就中斷了，卡在大腦的認知局限裡，無法滋潤身心，以致心理身體愈來愈僵化，生理身體愈來愈麻木，漸漸失去率性而為的能力。

倘若社會身體過於強大，就會透過內化羞恥感和罪惡感來遏制心理身體和生理身體。兩極化的性別刻板印象，一方面讓女性將自己的身體物化，缺少主動性，在心理上表現出「不配得」，在行為上表現出「冷感」；一方面又讓男性將自己的身體工具化，自我武裝「偽堅強」，心理上無法表達脆弱，行為上則依靠

藥物或外物來「窮兵黷武」。

　　在兩性世界中，必須跳出兩極化的盒子，運用兩個概念來化解性別刻板印象的毒。一個是性別的光譜，另一個是「性」的流動；下一節將會詳細闡述。

男子力滿點的美女
不萌嗎？

　　我經常會在性商升級的工作坊舉辦互動練習。將房間的一端定位為「滿分男性化」（五分），另一端定位為「滿分女性化」（五分），中間則是「中性化」（零分）。三點連成一線，形成一道性別光譜，然後邀請所有學員站在光譜的任意一個位置，藉此表達自己的性別認同和感受。

◈ 性別不是二選一的選擇題

　　學員紛紛在光譜上不同的位置站定，他們還會為自己的男性化／女性化評分，並選擇相應的位置。大多數人站在「中性化」附近、靠近自己生理性別的區域。選擇站位的理由通常是：我具有女性特質，但也有男性特質，我不認為自己是絕對的男性化或絕對的女性化。當然，也有少數人會站在滿分的位置，甚至站在跟自己的生理性別相反的滿分位置，以表達自己對性別的強烈認同或者反感。無論他們喜歡或不喜歡符合生理性別的特徵，在這個光譜上，總能找到他們感覺舒服的位置。

　　有趣的是，大多數學員的外形和內在並不一致。比如：燙著大波浪捲髮的美女，更喜歡內在的男子氣概；梳著娃娃頭的恬靜女孩，更願意保持內在雌雄同體的狀態；而外表陰柔的型男，為

自己內在強烈的攻擊性感到驕傲；外表威猛的壯漢，則非常認同自己內在的柔情似水等。這類精采紛呈、反差巨大的組合比比皆是。

　　聽完第一輪同學的自我表達後，有些人還會更改分數，然後站到更符合自己感受的位置上；有些人則會受邀去相反區域的不同分數上站位、體會感受。其中部分學員會非常不適，渾身難受，但有些會兩眼發亮，赫然發現新的自我面向。這個過程中，學員們最大的收穫，往往是重新領悟到，**原來性別不是非黑即白的單選題，不是必須或只能二選一的盒子，而是可以根據自我需要，在性別的光譜上隨心而動**。這樣的動態調整無所謂對錯，只有是否真實和坦然之分，能讓人感受到極大的心靈自由，以及多樣性的美好。我記得有一位學員在光譜上興奮地跑來跑去，她說了一句讓在場人士印象深刻的話：「性別二分法去死吧！這樣的我才是完整的！」

◈ 自古以來粉紅男孩才是王道

　　現代性學愈來愈重視實證研究。生物學、內分泌學、心理學、基因學、神經科學和生殖學皆已證實「性別」不是二元化，而是多元化的結構。人類的生理性別（Sex）除了男女之外，還存在相當比例的雙性特徵。不僅體現在性器官上，染色體和激素也可以佐證，這在動物界也有一致的表現。人類的社會性別（Gender）更是如此。所以，現代諸多性別學者們，為了表達性別不是兩個獨立切割的盒子，而更喜歡用兩條重疊的拋物線來描述性別現象。也就是說，左邊一條拋物線代表女性，右邊一條拋物線代表男性，兩條拋物線中間重疊的部分，就是性別多元的現象。

　　我們看到的性別二元的現狀，是因為人類社會在長期發展中，建構和加強了性別二元化的概念，而商業發展更是促成二元分類的幫凶。比如粉色是女性顏色，藍色是男性顏色，即是20世紀藉由商業操作成為全球共通的慣性思考。實際上，在19世紀，西方社會認為藍色是女孩的顏色，粉色是男孩的顏色；中國古代也曾在某些時期信奉紅男綠女。

　　這些顏色也被用於強調性別二元化的現象，是我們的心理被社會建構的標誌，同樣也是提醒我們可以進行解構的標誌。若我們能不再拘泥於單一身分，勇於呈現完整的自我，在性別的光譜上自由移動，意識將重新貫通連結心理身體和生理身體。而這樣的移動、貫通和連結，就會產生「性」的流動。

我愛上的
是你的靈魂

個案 **12** 因為你，我的世界鮮活了起來

小旭：遇到麥琪讓我感覺找到了自己，但我從來沒想過自己的性向跟身邊的女生有什麼不同，所以感到非常焦慮。

心理師：研究證實，有相當比例的女性從青少年到成年時期，受吸引的對象會在男性和女性之間轉變。

　　小旭是一位長相帥氣的女生，30多歲。她身材高挑，穿衣風格偏中性。她來諮詢的主要問題是：自己和前男友還未完全分手，但她認識並愛上了女友麥琪。面對她的新傾向和身分，她感到非常焦慮，幾乎要得憂鬱症了。

性向像光譜一樣，是會流動的

　　在「性」研究領域中，性別表達（Gender Expression）、性別認同和性傾向是三個不同的概念。性別表達，指的是個人在既定文化下，對外溝通和展現性別的方式，比如，穿衣風格、交流方式、興趣愛好；性別認同，指的是個人對自身性別的感受和身分

定位，比如，男、女、跨性別[2]或酷兒[3]；性傾向，指的是個人生理和情感上受到吸引的性別對象，比如，異性、同性、跨性別或泛性[4]。

　　這三個概念是相對獨立的，也就是說，生理女性的人可以穿著打扮很女性化，認同自己是男性身分，受女性吸引；她也可以穿著打扮很男性化，認同自己是女性身分，受女性吸引；她還可以穿著打扮很男性化，認同自己是男性，受跨性別吸引⋯⋯（還有多種排列組合，以下省略）。小旭屬於上述第二種。**從外表可以觀察到她的生理特徵，但這無須跟她的性別表達一致，也不能直接判斷她的性別認同，更無法預判她的性傾向。**

　　小旭在20幾歲時從來沒想過自己的性向跟身邊的女生有什麼不同，雖然她的外表比較中性，但她也有男生追求，交往過幾任男友。她說她喜歡的男性是經歷豐富、性格成熟、會照顧人的，而她的幾任男友都符合這些特徵，在親密關係中，她總是那個無須操心、被照顧的人。

　　然而，麥琪的出現為小旭開啟嶄新的世界，同時也完全打亂了她設想的人生藍圖。麥琪是個熱情活潑的女生，情緒非常豐富，很敏感，富有同理心。這些特點跟小旭之前的擇偶標準，或者說受吸引的特徵完全不同。我問小旭，麥琪身上讓她著迷的點是什麼？她說：「以前我在戀愛關係裡顯得很懶惰，但是跟麥琪在一起後，我變得積極，什麼都有興趣，什麼都能做。」我問：

2　跨性別（Transgender）：意指個人認同的性別與自身的生理特徵不一致，比如，擁有男性身體，但內心認同女性身分，或者反之。

3　酷兒（Queer）：意指性別二元化以外的其他所有性別身分，比如，不認為自己是單純的女性或者男性。

4　泛性（Pansexuality）：意指受到吸引的對象沒有特定的性別特徵。

「你變得充滿力量？」她說：「對，世界都變得鮮活起來。」我接著問：「你感覺自己更有生命力？」她拚命點頭，說：「真的是這樣！」

麗莎‧戴蒙德（Lisa Diamond）在2008年出版的書《性向流動》（*Sexual Fluidity*）[3]中首次提出「性向流動」的概念。她針對女性的性傾向進行了長期追蹤研究，發現受試者的性傾向並非固定不變。她們從青少年到成年時期，受吸引的對象會在男性和女性之間轉變。所以成年後，有相當比例的人既交過男友，也交過女友。追蹤研究的十年間，在異性戀、同性戀、雙性戀或者泛性戀之間轉變的案例也所在多有。

之後，性學家紛紛投入驗證這個概念。近十幾年來，研究人員發現：

❶ 無論在女性還是男性身上，性向都展現出流動的特點。

❷ 女性的性向流動現象比男性更明顯。

❸ 不僅性傾向會流動，性別認同也會流動，性別表達也是。

無關性別，感覺契合與享受就是遇到對的人

小旭以前留過長髮，但她更喜歡短髮的自己。她說以前「扮演」女生時，交男友覺得理所應當，直到遇見麥琪，她才突然感覺找到了自己。

美國著名當代哲學暨社會學家茱蒂絲‧巴特勒認為，「社會性別」是在社會文化的建構下，人主動或被動地選擇「性別展演」[5]的方式。**無論是性別表達或性別認同，都有紛繁複雜的象徵**

5　性別展演（Gender Performativity）的概念源自美國哲學家、社會學家、性別學者朱蒂絲‧巴特勒（Judy Butler），主要描述個人根據社會需要選擇展演的性別角色，比如一個人表現出的男性／女性氣質強弱。

元素組合，**所以性別的元素不可能兩極化，而是像彩虹或光譜一般，漸漸變化，層層遞進**。無論是內心的認同感，還是外在的衣著表達，皆是如此。我想這也是為什麼國際間性別多元族群組織的通用標識皆是彩虹。彩虹圖騰也伴隨著每年舉辦的世界（同志）驕傲節（PRIDE），不斷提醒大眾：性別是光譜，性向是會流動的。

在性生活方面，小旭說以前跟男友在一起，感覺是為了做而做，沒有太多享受的感覺，男友好像不太懂她，她也不知道該如何要求。但現在跟麥琪在一起，她們的身體非常契合。似乎不需要太多言語交流，就知道對方想要什麼。無論什麼角度、力度、位置，她們都能輕鬆配合。更重要的是，那種無攻擊性、全面浸潤的溫柔感，跟男性的性愛表達完全不同。

部分性學家認為，對伴侶生理結構的了解，絕對有助於實現高品質的性生活。在西方，根據相關統計，不同組合伴侶的性生活品質高低如下：女性跟異性伴侶的性愛，高潮率最低，在65%左右；跟同性伴侶的性愛，高潮率在85%左右；而女性自慰的高潮率最高，達到99.9%。畢竟**最了解自己身體需求的人還是自己**。

◈ 無須為任何人改變你獨特的色彩

作為新晉女同，小旭雖然找到自己的性傾向，在同志圈也更受歡迎，但她跟我其他LGBTQ[6]的個案一樣，都面臨巨大的家庭

6　媒體或是網路上常見的「LGBTQ」是性多元族群的英文縮寫：L指女同性戀（Lesbian），G指男同性戀（Gay），B指雙性戀（Bisexual），T指跨性別者（Transgender），Q指酷兒（Queer）。

和社會壓力。她的焦慮和憂鬱情緒，小部分來自跟女性伴侶交往的自信不足，大部分則來自父母和社會。現階段她根本沒辦法跟父母討論此事，只能暫時扮演雙面人的角色。

　　由於經常遭到歧視和邊緣化，LGBTQ族群的憂鬱症發生率和自殺率是主流族群的兩倍多。2017年的《世界人權報告》（*UN Human Rights Report*）顯示，LGBTQ族群中，青年罹患憂鬱症的比例高達28%，其中跨性別青年罹患憂鬱症的比例更是高達40%，而60%的人一年內曾經陷入嚴重悲傷和絕望。**在西方國家，LGBTQ族群更常感受到來自社會的制度性歧視；而在東方國家，壓力則主要來自父母和家庭。**因而有不少無法「出櫃」[7]的人，選擇「形婚」[8]。而東方傳統社會腳本下的男同性戀者，還有一個很大的壓力來源，就是文化敘事中的「不孝有三，無後為大」。所以有些人選擇「同妻」[9]，藉助醫學技術生兒育女，滿足家族要求後就忽略妻子，因此造成的生活悲劇比比皆是。

　　為了有效提升與同性伴侶的相處能力，小旭和麥琪一起來做伴侶諮詢。她們的諮詢陸陸續續進行了一年，從一開始相互吸引但不信任，到決定同居但面臨許多摩擦和差異，再到堅定信念和勇於承諾，最後學習妥協和滿足對方……她們一步一步從不同的世界走到一起，相互為鏡，從對方眼裡看清自己，並慢慢成為更好的自己。

　　異性戀和同性戀，既像左撇子和右撇子，又像文科生和理科生，是人類生理、心理和社會基因多樣性的組合。從古至今，這

7　出櫃：性少數／性多元人士跟家人或者外界公開承認性傾向的舉動。
8　形婚：LGBTQ人群為了滿足家族和社會期待，跟一位異性進行形式化的婚姻。有時候對方知曉情況，有時候不然。
9　同妻：特指男同性戀為了遵從社會需要，隱瞞性傾向而結婚的妻子。

些現象在人類社會中屢見不鮮。研究者也承認，無法從醫學、心理或社會學角度追溯到確切成因。事實上，也不需要找到成因。**人類所能做的，僅僅是自我教育，習以為常，不再少見多怪。**

曾有心理師同業問我，為同性戀伴侶做親密關係諮詢，有哪些需要特別注意的地方。我說：「沒什麼特別的，把他們當成異性戀一樣應對就行。」這樣說，一方面是對的，例如上述的小旭和麥琪，她們跟異性戀伴侶面臨的自我挑戰相同，諸如自我認知、依戀關係、衝突模式、溝通技巧、性愛技巧、承諾／背叛、共同成長等。心理師對於同性戀伴侶能提供最有效的幫助，就是拋卻性別刻板印象，著重在關係中的動態平衡，疏通伴侶間的心流通道，輔助個案的自我成長。但另一方面，也不完全正確。因為LGBTQ族群確實受到社會和家庭的額外壓力，需要心理師給予額外的關注。

如果你是LGBTQ的一員，千萬不要為了改變你的獨特色彩而去尋求治療，因為「性傾向扭轉治療」[10]已經科學驗證是無效且有害的。但你可以為了身心健康去諮詢，因為這個社會還不夠成熟完善，為你帶來壓力和傷害，你可以尋求專業人士幫助你解毒。一旦你的社會身體得以減負，性能量就能回流到生理身體和心理身體——身體的沸騰其實是「真我」得到接納的訊號。

10　性傾向扭轉治療（sexual orientation reverse/rotation/conversion therapy），是20世紀西方心理學遺留下來的一種無效且有害的「治療」方式，目的在於將同性戀轉變為異性戀。

性別角色流動 *Notes*

✽ 從身心靈的完整性來看，既沒有純粹的男人，也沒有純粹的女人，兩性都擁有雌雄同體的靈魂。

✽ 倘若個人內化了社會對於兩性的刻板印象，又對自我的身心缺乏覺知，就會導致心理身體愈來愈僵化，生理身體愈來愈麻木。

✽ 性別不是非黑即白的單選題，不是只能二選一的盒子，而是可以根據自我需要，在性別的光譜上隨心而動。

✽ 生理特徵與性別表達無須一致，與性別認同或是性傾向也沒有絕對關係；性別是光譜，性向是會流動的。

第五章

解鎖知識 *Step 1*

重新愛上自己

── 三個小練習與身體和解

如果你的陰道會說話，它會說什麼？

你正眼看過
自己的身體嗎？

男女兩性看待自己身體的方式，以及與身體的關係，存在明顯的差異。女性受到的道德捆綁毋庸置疑更多。生理器官的隱蔽，讓女性自己都難以觀察，所以女性的社會身體往往比生理身體更加強大。

本章主要是關於女性，不過對於男性讀者而言也是一種饋贈。用「饋贈」一詞可能有點自大，但比起廣大男性同胞在「愛情動作片」中受到的誤導，我也不算言過其實。特別是那些女性伴侶不享受性愛的男性，可能更容易在本章中找到一絲曙光。

◈ 你的陰道是可愛的「妹妹」嗎？

「那裡」、「下面」、「妹妹」、「臭水溝」……你以為這是在說什麼？沒錯，這是部分女性描述自己生殖器的用語。在我過去舉辦的性商工作坊中，每次問女學員：「你是怎麼稱呼自己的生殖器的？」前面那幾個詞是出現頻率最高的。如果問她們：「有沒有在鏡子前正面、完整地看過自己的外部生殖器？」一般只有20～30%的人會舉手。如果再問：「有人覺得自己的生殖器是髒的嗎？」至少有60%的人會點頭。

你怎麼稱呼自己的性器官？

「那裡」和「下面」，暗示著該部位不可言說，甚至不配提及。想想，什麼樣的人你會連名字都不願意提起，或者不敢說，只敢用「那個人」指稱？一定是汙穢不堪、令人羞恥、遭人唾棄的人吧。我們竟然用這樣的詞來稱呼自己的身體部位。

「妹妹」，乍聽之下像是一個美好的代名詞，但同時也暗示該部位是嬌嫩、純潔、可愛的，而且永遠年輕。那如果是50歲以上，甚至更年期過後的女性呢？她們的「妹妹」會變成誰？還是從此消失不見？此外，「妹妹」依然不是名字，就是一個沒有身分、只有功能的角色。而且沒有攻擊性，只可能被攻擊；永遠不可能引領，只能被引領。更讓人細思極恐的是，「妹妹」不屬於「我」。

「臭水溝」這個名稱簡直糟糕透頂，堪稱是惡名之王，不僅極度醜化生殖器的形象，還汙化生殖器的氣味，甚至賦予其毒害的特質。發明和傳播這種代稱的人，是出於怎樣的恨意，受過多大的傷害，又或是心懷怎樣的自苦和羞愧，才會用這樣的詞來提及自己和其他女性的身體。更何況這個部位，眾所周知，是生命的通道，生命的通道啊！這難道不該是神聖的殿堂嗎？怎麼變成陰暗溝壑了呢？會用這個詞形容女性生殖器的人，反映出他（她）對生命的憎恨，或者對生命力量的恐懼。

認同以上生殖器代稱的人，如果將這些貶低、汙化、侮辱身體的情緒內化便會掉入「自我物化」的陷阱，隨之而來的情緒問題就是「負面身體意象」，或稱「外貌焦慮」。這種焦慮體現在對身材的極度關注，容不得任何瑕疵，在日常生活中表現出「減肥上癮」的行為，包括吃各種減肥藥、嘗試各種減肥法、反覆進

行醫療手術；而內心深處則是對自己的身體感到羞恥、有不配得感。於是無論怎麼整型、花多少錢、付出多少代價，或是自己在別人眼裡有多完美，他（她）依然會對自己的身體形象感到自卑和焦慮。

◈ 在整合性教育中，扭轉負面身體意象

教育界或者社會學界的學者，常常會說現代社會「長期缺乏性教育」。這樣的說法既對也不對。對的部分是，現代社會確實缺乏中立、完整的性教育，缺乏從科學、心理學、藝術的角度對大眾進行多元的性教育。不對的部分是，大眾一直在接受從道德角度切入的性教育。民間一直以各種習俗、故事和俗語來塑造人對性的認知和感受，這些都屬於教育的一環。法國當代最富盛譽的哲學家傅柯在《性史》[1]一書中提到西方的「性」現象，他不認同「性」在維多利亞時期遭到壓抑的觀點。他認為，「性」實際上是在宗教的擠壓下變得更隱晦、更制度化、更工具化，以便於政治利用。所以從道德角度進行單一面向的性建構，使得大眾在「恥感」文化中，與身體脫鉤，視之為溝壑。

真善美，一直是教育的終極目標。同樣的，讓人在「性」中獲得真善美，全面整合發展、不偏廢，才是完整的性教育。真，就是以現代科學和醫學為基礎；善，就是從人文道德、心理學出發；美，就是抱持藝術和美學的眼光。

如今，從道德角度製造羞恥感的性教育逐漸改變，心理學和心理治療幫助洗刷大眾深層意識中的羞恥和罪疚；科學和醫學不斷普及，破除人對「性」的無知；藝術和美學的傳播則能釋放人的想像、昇華慾望。以這樣整合的方式，才能讓人在「性」中認

識自我、實現自我，並超越自我。

　　接下來，本書將展現幾個緩解「負面身體意象」」、改善個人與自己身體關係的實用方法。在性療癒過程中，這些是最關鍵且基礎的練習。

身體認知去敏｜觀念去汙

——打破「恥」度！繪一幅外陰自畫像

個案 13 對私處感到不自在而逃避性愛

心理師：你好像不允許自己產生愉悅感？

C女士：我老公想要親我那裡，但是我不想……如果他親了那裡，又來親我的嘴，多髒啊！

　　有一次，在性商工作坊裡，一位學員C女士自願申請跟我配合示範感官修復的訓練，也就是我用手指在她的手掌和手臂上進行撫摸和按摩的示範。剛碰到她的皮膚時，她渾身緊繃，臉色漲紅，身體輕微顫抖。不到五秒，她就像觸電一樣，把手臂縮了回去。這通常是愉悅感與自我發生衝突、不知道該如何應對而產生的防禦性動作。

　　於是我停止撫摸，用兩手將她的手掌握在手心，關切地看著她，問：「你好像不允許自己產生愉悅感？」她的眼神閃爍，似乎想要逃避，但又好像不想放棄這個難得的機會，最終她鼓起勇氣回應。

　　「我也不知道為什麼會這樣……比如，我老公想要親我那裡，但是我不想……」

　　「是什麼感覺讓你不想呢？」我問。

「如果他親了那裡，又來親我的嘴，多髒啊！」她臉上嫌棄的表情表露無遺。

「髒嗎？那你知道口腔內的細菌比那裡多很多嗎？要說髒，是口腔更髒呢！」

「不知道。」她愣愣地回答。

「沒關係，知識可以慢慢補充。我們現在先來試著說說看『那裡』的學名吧！你能說出『那裡』的醫學名稱嗎？」

她臉紅了，咯咯咯地笑，努力掩飾著自己的尷尬。憋了幾秒鐘，她用很輕的聲音說：「陰道。」

美國著名的性治療師蘿拉博曼（Laura Berman）曾經在2008年發表過一篇針對全美2,206名女性的調查文獻，發現**對自己的私處「感覺坦然自在」的女性，性愛滿意度是那些「感覺不自在」女性的61倍**！那我們該如何從對自己的身體感覺不自在，到坦然自在呢？

以下這幾個練習推薦給你。

首先請找到一個獨立安靜的空間，然後按照下列的描述，仔細探索自己的內心。

你準備好了嗎？

看詞感受／練習將情緒外化

❶ 看著以下六個名稱，伴隨著可能一起出現的畫面，傾聽內心的感受：

外陰

陰阜

陰道

陰蒂

大陰脣

小陰脣

❷ 內在感受是……	非常符合	符合	不知道	不符合	完全不符合
看了不該看的東西。					
做了壞事。					
有點汙穢、有點髒。					
想要很快略過，不敢停留。					
強裝鎮定，警惕自己保持理智。					
有點不正經，厭惡。					
不可自拔地受到吸引。					
其它感受：_____ _____					

情緒外化練習 大膽說出那個說不出口的名字……

現在，看著左頁這六組大字，請你細細地體味內心的細微感受、感受的種類以及感受的強度。

去一一覺察表中列出的內在感受，感受強度有多符合呢？如果都不符合，有其他的感受嗎？請寫在其他欄位，並在你感受到的強度欄位中打勾。

無論你覺察到內在的什麼感受，都是好的。你能覺察到感受，在心理學上稱作情緒「外化」。**心理障礙通常是潛意識中內化、壓抑的情緒造成的，已經外化、釋放的情緒，就不會再傷害你。**

覺察到某種感受之後，一定要說出來、念出來或寫下來，如此可以加強外化效果。而且這個感覺一定要描述得很具體，你愈是能清楚命名情緒，被內化的情緒垃圾就清理得愈乾淨，意識流動得越通暢。像是不舒服、難受、不爽、不喜歡等，這一類的感覺就不夠具體。將這些通用的形容詞再仔細劃分，比如，尷尬、害羞、羞愧、羞恥、厭惡、厭煩、嫌棄、害怕、恐懼、鄙視等，一旦找到準確的形容詞，就說出來、念出來或寫下來。

如果命名這些情緒的過程中，你能覺察到身體的感受，比如，胸悶、噁心、想哭、顫抖、身體發涼等，那是非常好的現象，代表身體正在跟你溝通。此時不妨停在當下，將雙手輕放在胸口，配合緩慢均勻的呼吸，去感覺這個情緒和身體的反應。不要急著驅趕或責備這些情緒，而是該進入、傾聽、體會這些情緒。被關注到的情緒和感受，會自然而然地流走；如果沒有流走，代表還沒有得到足夠的關注。

認知去敏的三階段練習	
[初階去敏練習] 看詞發聲	**[進階去敏練習] 看圖發聲**
將下列名稱念五遍。	看著圖5-2，將下列名稱大聲喊五遍。
陰阜	陰阜
陰蒂頭	陰蒂頭
尿道口	尿道口
陰道口	陰道口
大陰脣	大陰脣
小陰脣	小陰脣
[高階去敏練習] 外陰自畫像	

按照下列步驟，練習正視自己的性器官。

❶ 為自己安排一間獨立、安靜、乾淨的房間。

❷ 找一面化妝鏡，並確保觀察的光線充足。

❸ 選擇舒服的床、沙發或椅子，讓背部有依靠，方便展開雙腿。

❹ 將鏡子放在外陰部前面，確保放置角度可以看到全貌。

❺ 仔細觀察外陰的結構，包括每個部位的細節。

❻ 畫下外陰的自畫像，並標註每個部位的名稱。

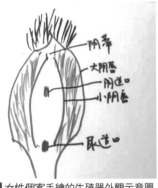

圖5-1 女性個案手繪的生殖器外觀示意圖

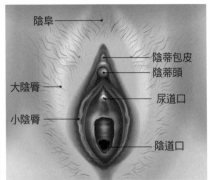

陰阜　陰蒂包皮　陰蒂頭　大陰脣　尿道口　小陰脣　陰道口

圖5-2 外陰結構圖

認知去敏練習 在世界中心大聲呼喊你的陰道

　　接著試試左頁表格左上欄的[初階去敏練習]看詞發聲。不管讀這本書的當下你有沒有念出來，都謝謝你的努力。

　　也許此刻念出這些名稱，會讓你感覺自己像小學生般幼稚。確實，這些本來該是小學、甚至小學前就學會念的詞語。但小學期間我們並沒有好好念過、學過，不然哪來現在這些障礙呢？所以必須補習。

　　好，現在你已經踏上了去敏之路，接下來不僅要能稱呼各個部位，還要知道其確切的位置。圖5-1的手繪圖，來自我的一位女性個案，治療過程中我要求她描繪自己生殖器的外觀，並標註名稱。現在請大家仔細觀看圖5-1、圖5-2來找碴：

　　發現哪裡不一樣了嗎？

　　公布答案，陰道口和尿道口的位置不一樣，正確的結構應該如圖5-2。

　　或許很多人只是看圖，就覺得備受衝擊，還要找碴，是不是強人所難？確實有點難，但這無比重要。如果你真的無法冷靜地觀察這兩張圖，那你可能罹患「外陰恐懼症」。雖然此症在學術上並不存在，但我發現在臨床上，這種恐懼對許多女性而言再真實不過。這種症狀的自癒方式很簡單：深呼吸三次，冷靜下來之後再看一眼……不斷重複「深呼吸」和「目光注視」的步驟，直到可以一直看著圖，不再閃躲為止。畢竟，這張圖又不會咬人。

　　如果你發現自己做不到，且對性生活感到困擾，請聯繫專業的性諮詢心理師，請求協助。

　　如果你可以看圖不躲閃，請接著進行右上欄的[進階去敏練

習]看圖發聲,也就是看著圖5-2的每個部位,並把該部位名稱念出來。

　　念的時候,請覺察自己的音量。比平時說話小聲嗎?如果是,請試著提高音量再念一遍,直到可以理直氣壯地念出來。如果不怕吵到鄰居,你可以再大聲一點喊出來。大聲喊五遍:「陰道、陰道、陰道、陰道、陰道!」最後一遍一定要最大聲,去敏效果奇佳。

　　如果你做不到,且對性生活感到困擾,請聯繫專業的性諮詢心理師,請求幫助。

個案 14　性冷淡?!我求之不得!

鄭女士:想到做愛我就害怕,孩子都生了,還有什麼好做的。先生覺得我性冷淡,我正好用這個理由堂而皇之的拒絕他。

心理師:畫幅「外陰自畫像」吧!或許能有效解決你對性交的恐懼。

　　鄭女士覺得自己很矛盾,她在看電影和看書時能感覺到自己的身體升溫、慾望升起,但又對性事感到害怕,尤其是插入式性行為。她常用以下這句話來回避夫妻性生活:「孩子都生了,還有什麼好做的。」她和先生一個月大概進行1～2次性行為,她先生由此認為她性冷淡,她反倒怡然自得,這樣就可以堂而皇之地回避性事了。

　　但長此以往,她發覺這件事漸漸影響到他們的夫妻感情以及婚姻穩定,於是她決定做點什麼,於是找到我進行性諮詢。出於她的決心以及對我的信任,前幾次諮詢都很順利。她的習慣性焦慮得到很好的緩解,跟老公日常的摩擦也減少了。諮詢過程喚醒

她許多兒時記憶,也外化了一些她對原生家庭的憤怒。總括來說,她的生活品質得以提升。可是療程進行到認知去敏時,我們遇到了很大的阻礙,因為她無法直視自己的生殖器。

「外陰自畫像」是認知去敏的高階練習,頗有效果,基本步驟就如前面表格所述。

一般來說,從準備到完成自畫像,時間大約是5～10分鐘。

但是鄭女士從得知這個練習開始,就一直逃避。每次都有許多「理由」讓她無法完成,例如「保母在房間外走動,導致我無法專注」、「這幾天暖氣壞了,房間裡太冷」、「孩子生病了一直黏著我,沒有時間」、「老公最近在家上班,總是給我找麻煩」……

我對她說:「就像是你老公想跟你做愛,你也總有許多藉口推託,對嗎?」她一驚,說:「確實挺像的。」我問:「哪部分最像?」她回答:「感覺這件事就像寫作業,這作業太難了,一想到就忍不住逃跑。」

從鄭女士之前的諮詢中也可以看出,她對自己的身體抱持負面的感受。所以我決定降低難度,慢慢來。我問她:「那我們先從畫身體開始嘗試,好嗎?」她眼睛大睜,齜牙咧嘴了一秒鐘。看到她這個反應,我再次降低難度,說:「不然,我們先從臉部開始,你就試試看畫臉部自畫像如何?」她馬上乾脆地回答:「這個可以!」

「臉部的自畫像」這個作業,鄭女士做得很好,幾乎每天都傳畫像給我。雖然她沒有學過繪畫(其實對於學過繪畫的人來說,這個練習反倒無效),但她的技巧愈來愈熟練,也愈來愈逼真。同時我也注意到,畫中的人物比她本人更加蒼老。她本人35歲,畫中的人時而50多歲,時而40多歲,而且眼神中總是帶著悲傷。

　　某次諮詢中，我問她：「你覺得畫中人為了什麼而悲傷？」她一時答不出來，停頓了一下才說：「我不知道。但好像有一個聲音在說：『為什麼這麼久了，你才注意到我。』」說著說著，她的眼淚也順著臉頰滾落。我重複了她的話：「嗯，她說：『為什麼這麼久了，你才注意到我。』」之後我們不再說話，沉默了很久。

　　許多女性個案在練習「外陰自畫像」的過程中，都會遭遇相似的情景。她們一邊看著自己的外陰，一邊覺得這個部位「好陌生」、「太難看」、「原來是長這樣嗎」……像這樣忽視自己的身體、嫌棄自己的身體、跟自己的身體脫鉤已久的女性屢見不鮮。這個現象的兩性比例差異頗大，男性跟自己生殖器的連結要強得多。

　　《失樂園》作者渡邊淳一曾經在男性自白書《男人這東西》裡，詳盡描述男孩子在幼年時期就從家人身上感受到他們對自己生殖器的喜愛。而且因為這個突出體外的器官既敏感又易於觸及，也因為排尿時不得不接觸，所以感覺非常親密。雖然在發育期會面臨一些尷尬局面，讓男性對於陰莖感到既依賴又自豪且無奈，但整體而言，他們之間的關係是熟悉且親近的。

　　近代至現代的女孩子則不一樣，雖然她們未必像佛洛伊德所說，具有「陽具崇拜」情結，但她們肯定沒有感受過「陰道崇拜」（人類在遠古時期曾經出於對孕育生命的敬畏，而崇拜女性生殖器[2]）。女性大部分生殖器在體內手碰不到的地方，無法看見或觸摸其形狀。且慾望升起時身體感受若隱若現，難以具象化。生理週期的液體分泌量不同，卻常常被汙化為是「髒」的。月經是女性身體成熟的標誌，不僅是排卵週期的代謝方式，也具備身體排毒和自潔的作用。經血本身沒有令人厭惡的異味，主要是現代使用

的女性生理用品（衛生棉或衛生棉條）的填充物含有細菌，一旦吸入經血就會迅速繁殖，產生異味，成為現代人誤解與汙化經血的藉口之一。

　　所有對女性生理身體的誤解和無知，最終都會轉化為對心理身體的嫌棄和歧視，進而建構出對女性身體的鄙視鏈！而**消除歧視最好的辦法，就是不斷了解、熟悉、近距離接觸，感受生理身體的本質而非浮於表面。**

繪製愉悅地圖｜重識感受

——摸哪裡最舒服？繪製高低愉悅度的敏感帶

　　我們再來比較一下心理身體，男女的愉悅感都被社會文化中的「羞恥和罪疚」捆綁。除了排尿之外，男孩把玩自己的陰莖，會受到家長喝斥。對於青春期男孩的自慰行為，西方國家編造的恐嚇故事是「自慰多了眼睛會瞎」，東方國家編造的恐嚇故事是「自慰多了會精盡人亡」。

　　和男孩子不同的是，女孩子在日常生活中沒有把持生殖器的需要。如果觸碰玩耍，一旦被家長發現，輕則喝斥，重則辱罵。曾有女性個案回憶，以前母親抓到她撫摸私處，大罵道：「不要臉！」所以大部分學會自慰的女孩，都是無意間擠壓私處帶來的愉悅感所引發的，比如，夾腿、夾被子、坐枕頭、爬欄杆、淋浴、騎自行車等。一旦找到方式和感覺，女孩必須自慰得悄無聲息，並且確保排山倒海的愉悅感隱藏得不動聲色，來無影去無蹤。男孩、女孩的愉悅感都與驚嚇和自責交織，但至少男孩對於自己的愉悅感在什麼部位、如何升起、如何滿足非常清楚，沒有人會搞錯位置；而女孩卻對於快感到底是哪個部位引發的並不清楚，所以初次聽說「陰道」這個「原始景點」，許多人會以為愉悅感是陰道帶來的。但女孩很快發現，在做婦科檢查、自我撫摸，或者跟第一任伴侶親密時，除了心情緊張和嬌嫩黏膜撕扯的疼痛感外，並沒有什麼愉悅感受。許多人就在這無法描述、無人

交流、無處求知的懸念中，度過了人生的起起落落。

個案15 用自己的手指探索身體的愉悅感

王女士：老公讓我來學學有意思的性生活。

心理師：我們先練習觀念去敏，清除大多數的情緒障礙後，接著是如何學會識別愉悅感。

王女士是個浪漫主義者，小時候不怎麼自慰，只幻想愛情。老公說她在性生活中「沒意思」、「應該去學一學」，所以王女士來尋求諮詢輔導。在諮詢前期，清除了大多數的情緒障礙後，她跟自己身體的連結已經改善許多。她在去敏練習中從無法直視到習慣注視生殖器，最後感覺與之親近。

圖5-3 王女士手繪的「愉悅地圖」

當她完成高階去敏的療程之後，還需要「重識感受」[1]。所以在撫摸練習中，王女士也能客觀地看待各個部位。圖5-3是王女士自繪的「愉悅地圖」。她選擇的愉悅色彩也很有層次：大紅色表示最強烈的愉悅感，玫紅色其次，橙色再次，黃色是不確定，淺綠色到深綠色表示奇怪的不適

1　重識感受：指當事人在長期壓抑身體感受後，重新識別感受，以及允許和接納感受的過程。

感。這些顏色對應的部位名稱如圖5-3所示，去敏練習中已熟悉過了，這裡不再重複。至於這些部位產生愉悅感的原理和解鎖愉悅的方法，本書第六章將會更詳細地描述。

繪製愉悅地圖的步驟如下：

❶ 跟外陰自畫像的準備工作相同，只是再多準備一盒彩色筆。

❷ 把雙手洗乾淨。

❸ 觀察的時間較長，為背部找好支撐。

❹ 在鏡子中一邊觀察，一邊試探性地用手指觸碰外陰的各個部位。

❺ 手指上下左右來回摩擦，或是逆時針或順時針畫圈，也可以反覆點擊。

❻ 力度由輕到重，逐步體會每個區域愉悅感的差異。

❼ 先完成外陰自畫像，接著用不同顏色的彩筆表示愉悅感的差異。

繪製愉悅地圖的目的是**希望女性學會以客觀的態度看待和接觸自己的生理身體，並且學會識別愉悅感，拆解社會身體帶來的負面感受，以重新塑造心理身體和生理身體的連結。**許多女性需要學會識別愉悅感，因為部分女性即使觸碰神經末梢極為密集的陰蒂，也只覺得有點癢，沒什麼特殊感覺。當然，這不排除是神經麻木的現象，但是，麻木，很多時候也是出於心理的防禦機制。

藝術創作｜重建美感

──用「性」創作，表達出你獨特的美

　　有趣的是，歷經心理療癒和成長的個案或是性商工作坊的學員，在情緒外化和認知去敏練習後，會進入一個階段，就是看到很多東西都聯想到生殖器。比如，花、水果、食物，或隨便什麼東西。這種情況很像小寶寶剛學會一個詞語，就會不停地重複，因為他們從中感覺到表達的力量。

　　請看組合圖5-4，你有什麼感覺？

©Paolo Neo@Wikimedia Commons

圖5-4 容易引起聯想的圖片

你看完是不是也能坦然地會心一笑呢？

這些圖片的創意，一部分源自創作者對於身體部位和物品的聯想，一部分出於創造幽默的動力，以及得到共鳴的渴望。精神分析學派中的「自由聯想」（Free Association）是一種治療方法，用於外化壓抑的潛意識，**藉由圖像的形式創作，個人得以將內心的衝突昇華。同時，幽默也是化解內心衝突和壓力的良性方式；而製造共鳴則是讓意識從個體向集體流動的高階行為**。這些療癒因子在現代心理治療中，歸納在「表達性藝術治療」[2]的類別下。

◉ 透過藝術創作獲得解放

組合圖5-5是專為女性開設的「性敢手工坊」中，來自各行各業、不同年齡、不同背景的女性所創作的手工藝品。她們帶著求知、求美、求分享的期待來參與手工藝活動。我也經常收到關於活動過後，她們的生活發生神奇變化的回饋。

有位女士告訴我，她創作了手工藝品，又聽了其他女性的分享之後，身上的某個「穴道」好像打通了，第二天跟伴侶做愛時感受到難得的高潮。另一位女士也與我分享，她跟伴侶備孕兩年都沒有結果，參加我們的活動之後，竟然懷孕了。

請別誤會，表達性藝術治療和工作坊不是阿拉丁神燈，不能解決你的問題，更不可能改變你的生活，但是卻能藉由創意的場域啟動你的心理能量，從而提升你看待問題的角度和面對生活的態度。相由心生，境由心轉。

2　表達性藝術治療（Expressive Art Therapy）：意指心理師透過遊戲、藝術、音樂、舞蹈、說故事、寫作、戲劇（即前文提過的戲劇治療）等非語言表達的形式，引導個案表達內心的情緒想法。

圖5-5 「性敢工作坊」手工藝作品

◎ 從書寫慾望獲得救贖

第一章【個案2】的可可，在2018年來諮詢陰道痙攣的問題，此後她經歷了一場從身體的痛苦到自我覺醒之路。治療期間我發現她具備文青氣質，卻沒發現她對於寫作的熱情。之後兩年間，可可陸續給我看了她在情緒紛飛、慾望翻湧時寫下的句子，十分令人讚嘆。她說，寫作幫助她自我救贖，分享出來應該也能引起更多人共鳴。我取得可可的同意，分享她一部分的創作。你是否覺得心有戚戚呢？

> 我們生來就是雌雄同體，
> 在生命最初的階段，
> 我們選擇了其中一種外在生殖方式度過漫漫人生，
> 終其一生，
> 我們試著透過一次又一次的性愛，
> 找回原本丟失的另一種存在的可能性。
>
> 什麼是性，
> 性是融入，
> 是投入和融合，
> 是和另外一個事物自然地合為一體。
> 所以，我們可以融入周圍環境，
> 和風吹拂的樹葉，
> 和雨後的空氣，
> 和所有自然界撥動你心弦的人、事、物。

當然，寫詩不是唯一的創作形式，日記、心情流水帳、小故事都是極佳的昇華方式。還有，務必要了解一點：這些創作得以實現的前提是個人必須先與身體連結，看到它、感受它、親近它。讓意識在身體裡充分流動，才能重新上升到精神層面。就像可可分享的另一個領悟：「完整擁有自己的身體，精神才能超越性快感，得到融合。」

美國的女記者伊芙·恩斯勒（Eve Ensler），在探索女性身分的旅程中，採訪了200多位各行各業的女性後，於1990年代出版了一部震驚世界的舞台劇本，名為《陰道獨白》[3]。國內一流的大學幾乎每年都會用實驗話劇的形式上演這部劇作。伊芙採訪每位女性都一定會問一個問題：「如果你的陰道會說話，它會說什麼？」她表示很多女性　開始都難以回答，可一旦開口，就滔滔不絕。原始劇本非常值得閱讀，如果你有幸看到大學生的實驗話劇，一定會更加震撼。

《陰道獨白》中，有一位六歲女孩的採訪令人印象深刻，以下特別引用：

「如果你能為你的陰道打扮，你會為它穿上什麼？」

「紅色高筒靴和棒球帽反戴。」

「如果它會說話，它會說什麼？」

「它會說一些開頭字母是『V』或者『T』的詞語，例如海龜（Turtle）或者小提琴（Violin）。」

「你的陰道讓你聯想到什麼？」

「一顆漂亮深紅的水蜜桃，或者是我在寶物堆中發現的鑽石，那是我的。」

◈ 建立互助分享、共同學習的群體

　　只要你有興趣和意願，就可以自發組織聚會，討論任何女性感興趣的話題，舉凡讀書會、觀影會、故事會等，都非常推薦。文中提及的書本，也推薦你找來看看。

　　本書提供的大多是比較適合用文字呈現，且可以在無人輔導的情況下實行的自我療癒和自我練習。其他還有許多需要專業人士輔導、引領、展示和互動的療癒方式，比如肢體舞動、自愛自摸、自我讚美、觀體對話等結合神經語言學、藝術治療、戲劇治療、舞動治療、認知行為治療、正念靜心的治療原理和方法。若你需要且準備好了，就可以在心理師的陪伴下循序進行。

　　我讀過有關「性」的書籍文獻裡，有一首難得一見的妙詩，來自藏傳佛教的奇僧更敦群培。他在《西藏慾經》中描繪了大量西藏民間的性愛習俗，以及藏傳佛教中鮮為人知的性愛文化。下面這首古今中外難得一見的詩，以極其具體且精美的比喻營造出美妙絕倫的畫面感，以及超越世俗的性愛追求，我們也可以這樣看待自己的身體和感受。

　　　那如龜背般微微隆起的小丘，

　　　有一個幸福的入口。

　　　通往幸福的道路被兩扇柔韌的小門關閉，

　　　蓮花之門被情慾的烈火焚燒，

　　　並沉醉其中。

　　　看啊，這個帶著狡點的微笑的小東西，

　　　散發出情慾的絢爛光芒。

　　　它並非那有著千百片繁複花瓣的花朵，

而是一個充滿著蜜液的幸福天堂。

當紅白菩提相遇後淬鍊出那珍貴的汁液,

其自生的甜蜜滋味便溶入其中。

　　讓我們再一次回顧改善與身體關係的步驟:第一步,**身體認知去敏**(觀念去汙);第二步,**繪製愉悅地圖**(重識感受);第三步,**藝術創作**(重建美感)。身體認知去敏,是為了真實看待自己的身體;繪製愉悅地圖,是為了善待自己的身體;藝術創作,是為了提升身心的美。這三個步驟的順序非常重要,如同真善美的順序一樣重要。如果沒有真,就是偽善;如果沒有善,就是邪惡的美;如果沒有真,就是虛假的美。

整還是不整？
聽聽你的陰道怎麼說

個案 **16** 私密處醫美顧問的「性心理與性生理結合」

小雅：客戶想要提升愉悅感、想讓老公更滿意、想要更具性吸引力……醫美從業人士的生理知識無法全面滿足客戶的情感需求，我必需補充性心理知識。

心理師：醫美行業正在發揮心理諮詢無法取代的作用，你在以你獨特的方式，為成年女性進行性教育，引領著新一輪的女性意識變革。

利用現代醫療技術讓自己變美，在這個醫美時代已是稀鬆平常、無可厚非的事，關鍵在於：什麼是「美」？

臉部醫美技術逐漸普及，不僅價格透明，市場也趨近飽和，而近 5 ～ 10 年間中國的性器官整型緊追在北美、南美和亞洲的醫美王國韓國之後，迅速發展，成為醫美的藍海，業界人士將這塊版圖稱作「私密處醫美」。

32 歲的小雅進入醫美行業已十年，銷售、市場和諮詢等三個崗位她都做過。最近公司將她轉調到私密處部門，希望她支援新部門開拓新市場和新業務。她自知對「性」知之甚少，擔心無法跟客戶相談甚歡，或是無法專業地回答客戶的提問，所以前來升級自己的性學知識。

幸福跟小陰脣的長相有什麼關係？

　　小雅的面容非常精緻，看起來自然健康，漂亮又有個人特色，性格平易近人。我忍不住問她有沒有做過臉部整型。她坦然地說，微整過雙眼皮和鼻型，再定期做些抗衰老的美容項目。她還說，對於做醫美這行的人來說，要忍住不「動刀」很難，因為幾乎人人都會做。有人墊鼻梁，有人修下巴，有人隆胸，有人做腰腹抽脂……當然，隨著醫美技術和材料不斷進步，許多項目不用「動刀」也可以完成，但是不能一勞永逸，必須定期做。而她之所以能忍住不動刀，一方面是技術更進步，不需要承擔更大的風險；另一方面是看多了符合「大眾美」的臉，更知道保持個人特色的重要。

　　小雅說，她任職的醫美企業算是高級連鎖品牌，已經走過快速發展時期的強迫式推銷，成為塑造文化和引領美感的業界領頭羊。我問她，這一行如何定義和引領美感？她說她們比同行更加強調、突出個人特質，鼓勵每位客戶找到自己的特色之美。堅持塑造文化實屬不易，尤其在面臨業績壓力的情況下，更顯得這份追求在拚命逐利的醫美行業難能可貴。

　　而在引領美感方面，目前小雅所在的私密處部門更是遇到棘手的挑戰。她們的業務和諮詢部門的管理者和員工，幾乎都是性學「小白」，就算醫生具備婦科、皮膚科和整型外科的綜合能力，也難以滿足客戶心理情感上的需求。她們發現，私密處整型，不像臉部或體型那麼直觀，只要外形改變達到客戶認同的視覺美感，就滿足了客戶的心理需求。**做私密處整型的客戶往往是心理需求大於外形需求**，比如，想要提升愉悅感、想讓老公更滿意、想要更具性吸引力等。天哪！這些都是心理需求，不僅包括

本人的，還有伴侶的；除此之外，如何提升愉悅感、老公怎樣才能更滿意、什麼才是性吸引力，客戶自己都說不清楚，醫美諮詢師也只能全憑想像，眾說紛紜。

　　有些人所說的「愉悅感」是指凸顯陰道中的G點；有些人的「讓老公滿意」是出於對自己小陰脣的形狀和顏色感到自卑；有些人的「性吸引力」則是因為遇到婚姻危機。讀到這一章的你，應該已經知道陰蒂才是女性身體的愉悅器官，去做陰道整型能提升愉悅度嗎？如果不學會取悅陰蒂，恐怕很難。要讓伴侶得到滿意的性體驗，跟小陰脣的長相有關係嗎？恐怕做完了會遭到客戶投訴吧。遇到丈夫背叛的女性，難道提升性吸引力，就能挽救婚姻嗎？更何況，什麼整型手術可以提升性吸引力？上述種種對於小雅和她任職的企業來說，都是巨大的盈利機會，卻也是無解的難題。

為內心的私密傷痛微整型

　　公司的私密處部門已經開始營業，大大小小的手術陸續進行，而小雅卻總是誠惶誠恐，她極力避免醫美行業最怕遇到的兩種情況：客戶投訴和醫療事故。在醫院的規範下，後者愈來愈少，但是客戶投訴卻屢屢發生。因為客戶的心理需求在手術後得不到滿足，便會藉由投訴醫美機構來發洩情緒。但同時小雅也發現一個特殊現象，做私密處整型的客戶投訴率雖然高，但客戶的滿意度也異常高，與臉部整型的情況大不相同。她跟我分享了幾個讓她感到驚喜甚至震撼的案例。

◈ 醫美諮詢師的私密整型檔案

醫美案例1 對稱很重要！被陰脣大小綁架的女人

　　一位不到30歲的女士聽說了陰脣修整術（近年來全球增長最快的私密處整型項目）而來到小雅的醫院諮詢。小雅安排諮詢師為客戶進行綜合檢測，發現客戶的小陰脣並沒有明顯的異常，顏色、大小都在正常範圍內。於是她們詢問客戶為什麼想要修整陰脣，對方的理由是陰脣左右不對稱，一邊大一邊小。另一家整型醫院的醫生曾給這位客戶看過一張完美外陰的照片，說那樣才是好的形狀。了解了客戶的動機之後，小雅給她看了一本圖輯，其中收錄一百多幅不同的外陰圖片，涵蓋各種大小、比例、不對稱的外陰，就像是不同形狀的花朵。這位客戶看完後恍然大悟：「原來我這樣的也是正常的啊！」就這樣，消除了其他醫院建構的私密處外觀的「偽標準」，這位客戶很感謝小雅專業且中肯的建議。

醫美案例2 第一次看到自己的外陰，感動落淚……

　　另一位30多歲、生了兩個孩子的女士，產後已過半年多卻還是經常發生打噴嚏漏尿的情況。她去醫院看了婦產科也沒什麼效果，於是被朋友拉到私密處整型機構。小雅說，這位客戶在檢查過程中一直非常緊張，說她從來沒有看過自己的外陰。小雅非常震驚，生了兩個孩子，居然還沒有看過自己的私處？於是她和醫生放了一面鏡子在客戶面前，為她耐心地介紹外陰的結構。客戶看著自己孕育了兩個孩子的生命通道，激動得眼眶溼潤，並決定以後不再忽略它，要對自己的私處好一點。

醫美案例3 剪歪了？一刀葬送20多年的幸福

還有一位50多歲的女士進行了會陰修復手術，修復她20年前生產時被婦產科醫生側切造成的疤痕。這位客戶在手術麻醉後醒來，看到護士就不禁大哭。護士嚇壞了，問她是不是很痛，結果她說：「不是，而是覺得事隔多年，終於有機會重獲新生。」原來，當年在產房裡，她聽到醫生輕輕說了一句：「哎呀，剪歪了。」從此之後，她不僅會陰處有傷疤，心裡也有傷疤。每次跟先生做愛時，她都戰戰兢兢，無法專注和享受。等孩子長大離開家，她已經變成空巢老人，才拿出一大筆錢修復傷疤，為的就是重新找回自信，開啟她的人生新階段。

小雅既替這些客戶開心不已，又替自己忐忑不安，以前在臉部整型部門從來不曾經歷的擔心和懷疑噴湧而出。一方面，她害怕自己的知識和能力不足，會辜負客戶的信任；另一方面，她也懷疑私密處整型能否為客戶的生活帶來轉機。當然，她也不願意因為猶豫不決而錯失良好的職業發展。小雅的自我意識逐漸覺醒，她在新職位的衝擊下，對生命有了更豐富的理解。她對事業的態度也不像以前一樣，只會不假思索地跟著行業的浪潮隨波逐流、坐享其成。如今，她在利他和利己、外表和內在、短期利益和長期利益之間不斷尋找著自己的最佳定位。

◎ 醫美三管齊下，整出女性意識變革

小雅的內心衝突也讓我不禁反思，原本對私密處整型頗有微詞的我，逐漸發現醫美發揮了心理諮詢無法取代的作用。雖然這個行業依然亂象叢生，但在混亂中崛起的優秀企業卻也以他們的

方式，為成年人（尤其是女性）進行性教育。這股由商業力量形成的教育場域，孕育著新一輪的女性意識變革，也就是藉由醫美技術對身體進行調整，藉由心理對話為客戶進行去敏訓練，藉由培訓提升客戶的生活技能，三管齊下。這樣的變革符合性學中的「生物心理社會模式」，是其他服務業無法替代的。這樣的變革需要靠具備多元價值觀和社會責任感的企業，以及對性文化具備完整理解的宣導者來共同實現。而且，這樣的企業和宣導者愈多愈好。

小雅在擴展性學知識的過程中，逐漸找到解決內心衝突的方式，那就是持續學習。她終於明白自己之前的忐忑不安和缺乏自信都源自知識和能力的不足。年幼的女兒也給予她極大的啟發。女兒每天都會問關於身體的問題，看到自家養的寵物狗的性行為也會好奇發問。作為母親，她不想看到女兒跟自己一樣在知識的黑洞中跌跌撞撞。她希望和女兒一起成長，一起獲得完整的性教育。為自己的身體感到自信和驕傲，而不是羞恥和貶抑。唯有如此，她才能成為更完整的女人，更有智慧的母親，以及更具自信引導客戶的醫美諮詢師。

看到這裡，你可能會問，作為新時代經濟獨立、充滿理想、有權選擇的女性，到底要不要進行私密處整型？我的建議是，聽一聽伴侶怎麼說，聽一聽私密處醫美諮詢師怎麼說，聽一聽閨密們怎麼說，但最最重要的是——靜下來，聽一聽你的陰道怎麼說。

因為只有它，能給你最好的答案。

第五章重點整理 *Notes*

❀ 女性如果將外界貶低、汙化、侮辱自己身體的情緒內化,便會掉入
「自我物化」的陷阱。

❀ 女性大部分生殖器在體內手碰不到的地方,無法看見或觸摸其形
狀,導致女性較難與自己的身體建立親密關係。

❀ 以客觀的態度看待和接觸自己的生理身體,學會識別愉悅感,切割
社會身體帶來的負面感受,以重新塑造心理身體和生理身體的連
結。

❀ 重新建立與身體的連結:第一步,身體認知去敏(觀念去汙);第
二步,繪製愉悅地圖(重識感受);第三步,藝術創作(重建美
感)。

❀ 利用醫療技術讓自己變美無可厚非,關鍵在於:什麼是「美」?

第六章

解鎖知識 *Step 2*

挖掘你的愉悅泉源

女人性愉悅路徑：
享受沿途的風景，比抵達終點更重要。

陰蒂無罪，高潮有理

個案 17 無法在性愛中得到高潮，我是不是有問題？

> **孟女士：** 我跟伴侶有充分進行前戲，但是插入後愉悅感不增反減。伴侶很在意我的感受，所以我們兩個都很挫折。
>
> **心理師：** 問題其實出在認知，高潮跟陰道沒有關係，而是要取悅陰蒂。

孟女士是30多歲的高知識分子，她來諮詢的主訴是：「總是無法在插入式性愛中得到高潮，我是不是有問題？」這樣的主訴非常有意思。一方面是很少見，不是說這樣的問題少見，而是為了這個來諮詢的個案很少見。許多女性從來不曾體驗過高潮，但她們要麼不知者無遺憾，要麼羞於啟齒，總是自我寬慰道：「沒有高潮？沒有就算了！」然而孟女士不同，她表現出一種沒有體驗到愉悅的不服氣和追求愉悅感的勇氣。另一方面，她將原因歸究在自身。她沒有責怪遇人不淑，代表她習慣採取主動。擁有這種性態度的女性，通常容易得到高潮，就像是既有意願又有動機去旅遊，就很容易成行。但是，她卻去不了。她到底缺少了什麼呢？這又是一個有意思的面向，**她的認知卡住了，卡在認為高潮應該來自插入式性行為。**

關於女性高潮的認知大黑洞

　　認為女性的高潮來自插入式性行為，是社會建構出來的著名迷思。雖然早在50多年前，性科學的實證研究已經證明這是謠言，但這個迷思影響之深、傳播之廣，至今仍無法撤回，充斥在主流輿論中。無論是藉由著名的性學大師，還是如今全球每秒鐘接近30,000點擊的色情產業，都不斷在強化大眾的這個迷思。

　　這個迷思是怎麼形成的？一言以蔽之就是，20世紀以前，沒有一個醫生或者性學者是女性。而現代色情行業中，站上主導地位的女性依然少之又少。就算到了21世紀，西方學術界對女性的「性」研究對比男性的「性」研究也頂多是1：2或者1：3。可想而知，許多對女性慾望和愉悅的描述，完全是男性的想像。幾千年來，在父權的加持下，對女性慾望的想像逐漸形成「黑洞」，且持續增長。

　　孟女士說，她習慣主動學習，所以看了許多資料和影片，她十分嚮往藝術作品中刻畫的「高潮」，尤其是對於那個美妙瞬間的描寫，為她留下深刻的印象。作品中的角色呈現出欲仙欲死的表情，在幾乎窒息的快感中升天，接著又迎來新一輪更強烈的狂風驟雨……那種感覺，她實在太嚮往了。

　　她的嚮往愈強烈，認知偏差就愈大，現實與夢想的距離也愈遙遠。實際上，每次她的伴侶插入她都沒有任何愉悅的感覺，反而有些許不適。這個落差讓她非常困惑，漸生失望，就像是在水中加入冰塊一樣讓她逐漸降溫。而她感覺上的變化，伴侶往往會立刻覺察，並問她：「感覺怎麼樣？不舒服嗎？」她簡單地回答：「沒什麼感覺。」或「不太舒服。」伴侶再嘗試更換一兩個姿勢，但還是沒有得到她正向的回饋，伴侶問她：「你是不是希望

我早點結束？」她再次簡單地回答：「是的。」於是，伴侶盡快射精。之後兩人在悻悻然的氛圍中入睡。就像是兩人聽說山頂上有好風景，約好一起去爬山。兩人都很認真投入地爬山，歷經體力和技巧的考驗之後，終於爬過山腰，此時一陣烏雲飄來，淅淅瀝瀝地下起了雨。孟女士失望不已，爬山的動力銳減。伴侶因為在意她的感受，便陪著她一起從捷徑折返。

多次之後，孟女士和伴侶覺得愈來愈挫敗，愈來愈遲疑是否要「出遊」，心中逐漸產生各種懷疑。兩個人是不是「相性不合」？過程和技巧是不是有誤？最糟糕的是自我懷疑，孟女士懷疑自己有生理問題，而伴侶懷疑自己缺乏能力。

自我懷疑往往會對伴侶關係造成巨大破壞，因為這是對個人自尊的挑釁。 一旦自尊心占了上風，雙方就不再坦誠溝通，而是嘗試自己消化。消化不了的情緒被內化，失落和嚮往不斷衝突，要麼變成兩人日常相處的無名火，要麼變成兩人溝通的鴻溝，要麼將熱情轉向伴侶之外的人。

◎ 改善認知偏差，享受親密關係的美好

再次強調這個「認知影響情緒再影響行為」的邏輯：

在性與愛中的認知迷思 → 帶來期待偏差 → 產生失落情緒 → 引發自我懷疑 → 形成溝通屏障 → 累積無名怒火 → 增加日常摩擦／情感距離 → 不斷磨損感情／開始尋求外界安慰。

這個發展脈絡是伴侶相處最頻繁出現的心理變化。大部分當事人（尤其是走到上述最後一步的人）看不出這個脈絡，否則就能在其中任何一個環節做出改變，突破困局。但凡走到上述最後一步的伴侶，大多數會判斷自己遇到了渣男／女，或者歸結為「緣分

已盡」、「不愛了」，從而決定「各自安好」。因為這樣的敘事符合社會腳本，更容易減輕痛苦。而來尋求心理諮詢的，往往是心有不甘、好奇真相、抱持信念、個人成長意識強烈的人。

　　另外，這個邏輯並非只針對「性」的認知偏差，而是對於伴侶關係的「鐵三角」[1]——婚姻、愛情、性——中任何一個角皆適用。只要當事人把原因歸咎在個人成長，無論是認知成長、情緒成長、心智成長、靈性成長，或者是技能成長，就有機會逆轉頹勢。但凡把原因歸咎在「人不對」、「運氣不好」、「我們不合適」的人，往往關係只會無疾而終。所以，對於遭遇情感和性方面問題的伴侶，認知行為治療（Cognitive Behavioral Therapy, CBT）極其有效，因為這種療法的重心在於找出認知的錯誤。只要發現一個不合理的信念，就可能截斷一連串負面情緒和失控行為。

　　了解了治療原理之後，接下來將回到女性愉悅的迷思。過去50多年間，性科學這門新興學科，一直嘗試證實或證偽民間對於性的一些認知，尤其是女性愉悅和高潮方面的證偽最多，後文將闡述其中幾個最為亮眼的迷思。

1　伴侶關係的鐵三角（Triangular Theory of Love）：是美國康乃爾大學的著名心理學教授羅勃‧史坦伯格（Robert Stenberg）創立的學說，意指在每段伴侶關係中都存在三個關鍵組成部分：承諾Commitment、親密Intimacy、激情Passion。作者將其理論延伸，將「承諾」類比「婚姻」，「親密」類比「愛情」，「激情」類比「性」。

你和高潮之間
只差了一個陰蒂

Q₂ 女性需要插入陰道才能獲得愉悅和高潮？

最近幾十年間，性科學的實證研究針對多則幾萬人，少則幾百人的女性樣本進行調查，在陰道高潮方面得到較為一致的數據。僅靠陰道插入就能獲得高潮的女性約為 18～30%，而有 65～80% 的女性表示需要刺激陰蒂才能高潮。

陰蒂真的是女性身體上被誤解最多的部位，而且這個誤解的根源是人類社會刻意為之。為什麼要刻意為之？首先，陰蒂跟生育無關，從功能而言，對人類繁衍沒有任何貢獻；其次，**陰蒂是女性身上唯一為愉悅而存在的器官**，沒有其他用途，且力量強大，足以影響人的行為，而過分享樂而違背倫理道德的行為會對社會規範造成威脅。因此制定社會規範的人散播認知的迷霧，讓大眾難以完全了解陰蒂，從而控制可能衍生的行為。隨著迷霧日漸散播，就連散播者自己也看不清真相了。

每個可愛的陰蒂都渴望被愛

隨著人類意識提升，對於陰蒂的誤解在近 50 年間藉由學術界的澄清，又透過各種科學和藝術整合的方式，漸漸揭密並消散在大眾文化裡。被譽為紀錄片拍攝之王的法國（也是性文化最為豐盛的

國家之一）曾在2016年推出一部關於陰蒂歷史的動畫《陰蒂》（*Le Clitoris*）[2]，在多個電影節獲得獎項提名。這部動畫改編自法國性學家尚—克勞德‧皮卡德（Jean-Claude Piquard）於2012年出版的《陰蒂的絕妙歷史》（*La fabuleuse histoire du clitoris*）。這部3分鐘的短片生動可愛地呈現出陰蒂在西方世界中如何被曲解和探索的歷史。

　　短片中提到：「女人很幸運，她們擁有人類身體上唯一一個為愉悅而存在的器官，陰蒂。我們肉眼可見的那個小頭只是陰蒂的腺體，像冰山上方的一角，其主體則藏在身體內部，兩隻10公分的長腳向兩旁延伸。也多虧這兩隻環繞在陰道前部的陰蒂腳，有些女人才能從陰道獲得高潮。陰蒂很像一個小陰莖，興奮時會充血膨脹，但它卻比陰莖還要敏感、怕癢。陰蒂從古希臘時期就家喻戶曉，不過直到1559年才由一位義大利外科醫生雷爾多（Realdo Colombo）正式界定（兩年後，又冒出一個人，宣稱是他發現的）。而後，陰蒂遭到遺忘，或者在文獻中被曲解，許多男人為了陰蒂和女性高潮（之間的關係）爭執不休。古希臘和中世紀的人普遍認為女性高潮有利於受孕而予以鼓勵，一直到19世紀早期，天主教會仍建議女性多多高潮以釋放性壓力。但後來醫界宣稱高潮引發的宮縮會導致可怕的疾病，比如歇斯底里（Hysteria，又稱癔症，一種精神疾病），並表示陰蒂是一個完全無用的器官。其中陰蒂的『頭號敵人』佛洛伊德提出了陰道高潮的概念，又判定成熟的女人只能藉由插入陰道獲得愉悅，而後便開啟了陰蒂的蒙昧主義浪潮。時至今日，陰蒂依然生活在黑暗之中，對它的愛撫也僅被看作前戲。然而，每個可愛的陰蒂都渴望被愛啊！既然它只為了愉悅而存在，為什麼不用呢？」

2　法國《陰蒂》動畫影片QRcode如附。

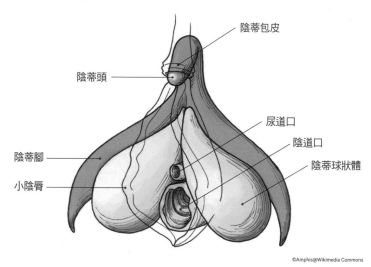

陰蒂包皮

陰蒂頭

尿道口

陰道口

陰蒂腳

陰蒂球狀體

小陰脣

©Amphis@Wikimedia Commons

圖6-1 隱藏在大小陰脣後面的陰蒂主體

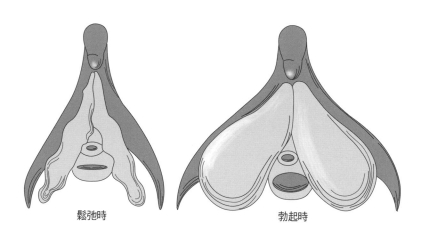

鬆弛時

勃起時

圖6-2 陰蒂的狀態——鬆弛vs勃起

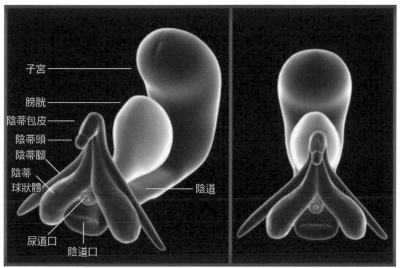

子宮
膀胱
陰蒂包皮
陰蒂頭
陰蒂腳
陰蒂
球狀體
陰道
尿道口
陰道口

圖6-3 陰蒂的全貌

©Helen O'Connell@Wikimedia Commons

　　還有一些重要訊息未在動畫短片中提及，以下補充說明，並
附上圖片，希望能讓你對陰蒂有更多的了解。

　　長久以來，陰蒂的完整結構一直不為人知。直到2005年，澳
洲的泌尿科女醫生海倫‧歐康納（Helen E. O'Connell）利用顯微鏡解
剖結合核磁共振技術，將陰蒂的全貌展示在世人面前（圖6-3）。

‧ 陰蒂跟陰莖是同源器官。也就是說，在胚胎時期是同一個細
　胞，在後期激素的刺激下，女性胎兒身上的這個細胞生長成
　為陰蒂，男性胎兒的這個細胞成長為陰莖。

‧ 陰蒂跟陰莖一樣，放鬆時呈現柔軟狀態，受到刺激喚醒後充
　血膨脹，也就是勃起。（圖6-2）

‧ 陰蒂勃起後，陰道內部才會充盈、飽滿、溼潤，否則缺乏神
　經末梢的陰道內部，若是陰蒂腳沒有充血，很難感受到愉

悅，反而會因摩擦產生疼痛和不適感。

◉ 陰蒂頭上有超過8,000多個神經末梢，因此非常敏感。且不同於陰莖偏好較強烈的刺激，陰蒂更喜歡溫柔的撩撥和撫摸，力度類似用無名指揉眼皮。

◉ 陰蒂得到充分的愉悅刺激後，會在尿道口下方產生射液的現象，約30～150毫升不等，俗稱潮吹或潮噴。根據法國泌尿科醫生團隊的研究[1]，潮吹的液體是尿液和斯基恩氏腺（Skene's glands，類似前列腺）分泌物的混合液體，約10～40%的女性體驗過潮吹。醫生團隊認為這是一種可以習得的能力。

◉ 陰蒂、尿道口、陰道各自獨立，意味著女性的愉悅器官、排尿器官和生殖器官是三體分離的。而男性的愉悅、排尿和生殖器官是三體合一，都集中在陰莖頭部。

◉ 陰蒂和陰道之間的距離，根據調查，約在1.6～4.5公分之間。心理學家瑪麗·波拿巴（Marie Bonaparte，拿破崙的曾孫女，佛洛伊德的好友）認為，該距離少於2.5公分的女性從插入式性愛得到高潮的可能性最大。因為插入的同時更容易刺激到陰蒂，反之，可能性就愈小。

◉ 潘綏銘教授調查發現：民眾對陰蒂的了解和「性福」度呈正相關。在中國，大城市女性了解陰蒂功能和位置的人約40%左右（因為受教育程度較高），農村女性則不到20%。因而呈現出在城市中生活且受教育程度較高的女性，性福度也較高的現象。

　　上述資訊再再證明，**女性愉悅的關鍵是陰蒂**。許多女性在童年時期無意間刺激到陰蒂，才體驗到愉悅的感受。如果不是因為

陰蒂被汙名化、被談性色變的恥感文化捆綁、被長輩批評責罵，
享受身體的愉悅，跟享受美食、美景等一切美好事物，又有什麼
區別呢？

◎ 女性情趣玩具的逆襲

　　一旦迷霧消散，陰蒂的地位便會反轉。現代情趣用品市場的
變化，證明了大眾對陰蒂的了解逐漸增加。10年前，市面上的情
趣玩具幾乎都是男性生殖器形狀的震動棒，那是因為主流文化對
於「插入」的慣性思考。然而，如今市面上的情趣玩具愈來愈多
樣，比如用來取悅陰蒂的「跳蛋」，因為無須插入，只需具備輕
揉、包裹和撥動的功能，所以形狀和款式琳瑯滿目，且通常很可
愛，去色情化，跟生殖器的外形相去甚遠。有些狀似食物甜點，
有些狀似舌頭，還有時尚長項鏈款式，不一而足。材質從常見的
醫用矽膠到金屬，應有盡有。功能方面也有接觸震動、包裹吮吸
等可以選擇。

　　其實，現今情趣用品的作用完全被低估了，它具有三大作
用：教育、探索和情趣。這三大作用的順序很重要，如果你對女
性愉悅的認知嚴重偏差，只注重情趣，往往會感到受挫和失望，
用一次之後就把它扔到一邊，就像攝影菜鳥以為自己手持一台高
級單眼相機，未必就能變身專業玩家。但如果你能帶著好奇心，
認真學習一些知識和技巧，抱持開放態度多嘗試幾次，只要有一
次清晰捕捉到愉悅的畫面，這個玩具就算派上用場了。那麼在未
來與伴侶做愛，如同出遊旅行，不妨利用情趣玩具探索、嘗試，
捕捉愉悅的技術就會愈來愈好，而探索的過程就是極佳的創造樂
趣的過程。

科學實證！
女人的高潮比男人更爽

Q₃ 在性愛中男人比女人更爽？

希臘神話中有一個故事。盲人先知泰瑞西亞斯（Tiresias）曾經以女人之身度過七年的日子。有一天，宙斯和赫拉爭論著男人和女人在性交過程中誰能獲得更多快樂，兩人爭論無果，於是他們求教於泰瑞西亞斯。他們認為，作為唯一一個既是男性又是女性的凡人和神靈，泰瑞西亞斯應該最適合回答這個問題。結果，泰瑞西亞斯毫不含糊地回答：「女人在性事中得到的歡愉是男人的10倍。」

無論西方或是東方，人類的終極追求都是「真、善、美」，不過在古代文化中，其所衍生的三大學科「科學、道德、藝術」是混為一體的，所以聖人將許多真相用神話或者詩歌的形式來表達。然而到了現代，真、善、美已經分化到極致，科學不能跟道德和藝術混為一談，否則就顯得不夠嚴謹。因此，如果要破解迷思，證實泰瑞西亞斯的話是正確的，就必須用現代科學方式來證明。

男人高潮比較快，女人高潮次數比較多

1960年代，美國性學先鋒馬斯特和瓊生，運用科學領域承認

的實驗室觀察法，觀察 382 名女性和 312 名男性約 10,000 次的性反應週期，最終得出一系列破除當時大眾性誤解的科學結論。其中一個就是：**女性能在一個性反應週期中達到多次高潮。由此可知，女性能比男性獲得更多的愉悅感。**

他們的結論觸怒了當時的主流醫學權威，引發軒然大波。他們一度被趕出就職的大學研究院，研究資金也被撤掉了。後來是美國暢銷雜誌《花花公子》（*Play Boy*）出錢投資，他們才得以成立獨立的研究院，繼續性學研究。到了 1970 年代，美國學術界對於使用人類進行臨床實驗逐步加大管制，於是他們的操作模式就此成為絕響。

男女性反應週期的四個階段

馬斯特和瓊生的性學成就中，最著名的就是「四階段性反應週期模式」（Four-Stage Model of the Sexual Response，圖 6-4）。這個模式描繪男女性反應週期的同異之處。四個階段依序是：

❶ 興奮期（Excitement），也就是個人受到性刺激後，心跳、血流、呼吸逐漸加速的階段。

❷ 高原期（Plateau），是指性愉悅感受持續在一個高度累積，但還沒有達到高潮的階段。

❸ 高潮期（Orgasm），顧名思義，即性高潮的階段（性高潮的定義請見第一章）。

❹ 消退期（Resolution），就是性高潮結束後的階段。

根據馬斯特和瓊生的發現，男性和女性的性反應週期都具備上述四個階段，但每個階段各有些許差別：

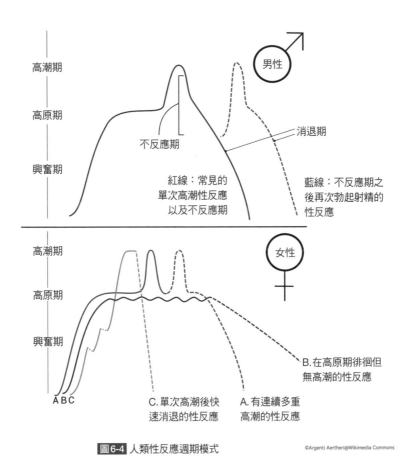

高潮期

高原期

不反應期

興奮期

男性

消退期

紅線：常見的
單次高潮性反應
以及不反應期

藍線：不反應期之
後再次勃起射精的
性反應

高潮期

高原期

興奮期

女性

A B C

C.單次高潮後快
速消退的性反應

A.有連續多重
高潮的性反應

B.在高原期徘徊但
無高潮的性反應

圖 6-4 人類性反應週期模式

©Argenti Aertheri@Wikimedia Commons

❶ 男性的興奮期和高原期較短，從性喚起到射精高潮的時間中
位數是6分鐘；女性的興奮期和高原期較長，時間中位數是
19分鐘。

❷ 絕大部分男性每次性交都能走完四個階段，但有相當數量的
女性在高原期徘徊，沒有進入高潮期。

❸ 絕大部分男性射精後就進入消退期，期間無法再次勃起；但

女性可以在高潮後的一兩分鐘內再次高潮，甚至多次高潮，似乎沒有明顯的消退期。

❹ 四個階段是人類共通的基本規律，但是個體依據基因、生理因素、心理因素和年齡的差異，表現也各有不同。

Q₄ 高潮讓女性更容易受孕？

關於男女性反應週期和能力的差異，部分學者從生物演化論的角度解釋[2]，認為男性的性反應週期較短，是基於雄性動物特有的繁衍法則。一方面，男性依照本能，以群攻、快攻的方式獲得傳播優勢；另一方面，快速完成動作還可以降低遭遇危險的機率。而女性的性反應週期較長，則是為了擇優，也就是給予優質的精子充分的時間競爭，最終由最強大的精子勝出，為卵子受精。不論古代民間或是現代醫學界，一直流傳著一個說法：女性高潮可以提高受孕的機率。不過並沒有獲得多方實證研究的證實。還有一些性學家認為，大自然賦予女性多重高潮的能力，是為了補償生育的痛楚，這個說法仍有待科學證實。

沒有性冷淡的女人，
只有心冷淡的女人

Q5 男人的性慾比女人更強？

在性商工作坊裡，女學員最常抱怨的是：「另一半總是想要，但我實在沒興致。」、「男人怎麼總想著做愛？煩死人了。」、「90%都是他主動。我上床時都累死了，只想睡覺。」而男學員最常抱怨的是：「我懷疑我老婆性冷淡，她為什麼總是沒『性趣』？」、「每次都是我主動，真掃興。」、「怎樣才能勾起女伴的『性趣』？」從表面來看，性慾強弱似乎真的有性別差異，可是事實上呢？

女人才懂的「性事經濟學」

性的真相總是需要努力探尋才會浮出水面。不少女性因為跟伴侶的性慾差異較大而倍感壓力，希望能透過心理諮詢解決自己「性冷淡」的問題。然而從此類主訴深挖下去，會發現其中 **99.9%是假性冷淡**。為什麼這麼說呢？首先，女性的「性冷淡」和男性的「陽痿」一樣，都是偽命題，不過是人比人氣死人的相對論而已。其次，「性冷淡」在國際醫學界沒有診斷標準，換句話說，它既非疾病，也非身心障礙。

性商工作坊的學員或是我諮詢的個案中，那些自稱或被人稱

作「性冷淡」的女性在視、聽、味、嗅、觸等五感的測試表現都完全正常。而且在第六感「幻想」方面，每每說到她們喜愛的明星／角色／人物，從眉飛色舞的表情和肢體語言，就可以看出她們的內心熱情如火，有時甚至連觀察者都跟著燃了起來，哪裡有什麼冷淡的樣子。即使有，也是情境式的「心冷淡」。

　　許多情境式「心冷淡」的個案，在訪談中都表現出相似的生活理念、情緒和行為反應。首先，她們的婚前性經驗非常有限，其中絕大多數完全沒有體驗過性愉悅；其次，她們的婚後性生活幾乎是由男方主導；再者，她們大多經歷懷孕、生產、照顧孩子，而後回歸職場或是變成全職媽媽。然而在這個生理和心理歷經巨大變化的過程中，她們沒有得到足夠的關愛和支持。如果能體驗到性愉悅，性生活便可以作為伴侶之間放鬆、取悅、解壓、賦能和交流愛的方式，幫助女性快速充電。可一旦**缺失性愉悅，性愛就變成女性單方面的付出，所以心才會冷淡**。對她們來說，性變成完全沒有收益的「虧本生意」。

個案⑱ 我一點都沒爽到，卻要付出這麼多代價！

林女士：每次做愛爽的都是他，付出的都是我。也不能每次都裝睡，有時候我會說身體不舒服，有時候會說生理期來了⋯⋯
心理師：這是為了停損自貼標籤，但是你真的沒有慾望嗎？未必。

　　性商工作坊的學員林女士曾跟我分享她的「性事經濟學」。她說：「你看，每次做愛爽的都是他，付出的都是我。如果他願意戴保險套還好一點，如果他不願意戴，我就得服用避孕藥。藥物的副作用先不說，每次結束後，我還得去洗澡，而他倒頭就

睡。如果他不愛乾淨，我可能還會反覆發炎。如果我忘記服藥，可能會意外懷孕。如果懷孕，我就得去做人工流產，多傷身體啊！如果不做人工流產，懷胎十月的是我，承受生育之痛是我。孩子生出來，獨自帶小孩的人還是我。萬一我們以後感情不好，離婚了，我肯定會爭取孩子的監護權，哪個母親捨得放棄孩子？然後我的下半輩子就只能自己一個人帶著孩子。為什麼？因為我怕別的男人對孩子不好，我會內疚一輩子。總而言之，我一點都沒爽到，卻要付出這麼多代價！如果老實說出來怕傷到他的自尊心，所以我只好裝睡。當然也不能每次都裝睡，有時候我會說身體不舒服，有時候會說生理期來了。可是生理期總不能一個月來兩三次吧！後來實在找不到藉口，他半開玩笑地說我是性冷淡，我就順水推舟，說我確實是『性冷淡』。」

從林女士的敘述可以看出，「性冷淡」根本是「性事經濟學」中申請破產保護的舉措，是她為了停損自貼的標籤。所以，「經營不善」是事實，但是不是真的「窮」，也就是沒有慾望呢？未必。

◈ 到底是「要」還是「不要」？

2009年，加拿大皇后大學（Queen's University at Kingston）的先鋒女性學家梅雷迪斯・契弗斯（Meredith Chivers）發表了一項轟動學術界的實驗結果。她以2,505名女性和1,918名男性作為實驗樣本，證實了女性和男性的生理性慾沒有明顯區別，女性的性慾甚至在某些方面超越男性。區別在於，相較於女性，男性的生理反應和心理認知的一致性更高。什麼意思呢？就是**女性的慾望跟男性沒有區別，只是她們學會偽裝。**

契弗斯的實驗在北美非常出名，因為她使用的實驗設備之一叫做「La-Z-Boy」（美國經典的休閒椅品牌，聽起來像「lazy boy」懶惰男孩），似乎很有調侃意味。她請受試者坐在這張椅子上，並在他們的生殖器部位連接阻抗式體積描記器（Impedance plethysmograph），以測試生理性喚起的程度。然後，她發給每位受試者一份自陳式問卷，請他們看到螢幕上出現的畫面之後，自我陳述是否產生「性趣」。

她為受試者播放各種可能引發性喚起的圖片或畫面，比如，在沙灘上漫步的裸男、花叢中的裸女、交合的男女、親吻的女女、做愛的男男等，甚至是交配中的黑猩猩。受試者看到畫面後若產生生理反應，儀器就會記錄下來，之後再對比他們的自陳式問卷。

結果發現，男性的生理指標反應與自陳式問卷的回答高度一致。而女性的生理指標顯示，幾乎大部分圖像都能激起她們的生理「性趣」。也就是說，從儀器的紀錄來看，女性的生理慾望幾乎無處不在，但在她們的自陳式問卷中，人多數的回答是不感「性趣」。男性的高度一致性，代表他們知道自己是否產生「性趣」，也坦承自己有無「性趣」。而女性的不一致代表什麼呢？是她們不知道自己有「性趣」？還是她們不承認自己有「性趣」？或者她們的生理「性趣」跟心理「性趣」不一致呢？研究者的猜測是，以上皆是。丹尼爾・貝爾格納（Daniel Bergner）甚至在《女人到底想要什麼？》（*What Do Women Want*，暫譯）[3]一書中得出一個結論：**「在慾望、愛和身體方面，99.9%的女性心口不一。」**

慾望解碼！
女人高潮前的19分鐘

Q6 女人都像色情片女主角，一碰就燃？

這個迷思得歸咎於現代色情產業的蓬勃發展。為了符合男人性喚起和快速高潮的需要，色情作品中的女性角色具備幾個共通點：❶ 每個人都像「易燃物」，一點就著；❷ 點著後，各個一碰就嗨，一嗨就叫，而且叫得很煽情、很大聲；❸ 肢體動作像發情的貓咪，臀部時刻抬高供男性進入；❹ 無論什麼姿勢都能配合；❺ 抽插運動的時間不限，影片多長，就可以堅持多久。

根據波士頓大學（Boston University）的調查顯示，美國18～24歲的年輕人、無論男女，皆將色情作品視為「最主要的性教育管道」。如果換作在華人社會，調查結果大概會是，男生視色情作品為「最主要的性教育管道」，但女生未必。這樣的差異主要源自於東方文化對性別的建構。男生在性方面的認知和經驗，將成為社交的資本，也就是說「內行人」總是能獲得同儕更多的尊重；而女生則受到「愈無知愈純潔」的邏輯影響，不看不學才是「好女孩」。於是男生會主動突破技術壁壘，尋求色情片資源，並與周遭的人分享交流；女生則會沉迷在愛情浪漫作品中，對性抱持著朦朧的幻想。

女人和男人在床上想的不一樣

色情作品的「教育」作用在國際上極具爭議，看過色情片的人似乎比沒看過的了解更多知識或姿勢，但同時也可能受到誤導造成認知偏差。就像女生會被愛情偶像劇的夢幻情節毒害一樣，男生也會被色情片的「肉搏情節」誤導，所以許多男生第一次跟真人伴侶過招，會發現情況跟腦海中的設想天差地別，尤其是與色情片女主角的五個特點正好相反：❶ 女伴完全不像「易燃物」那樣一點就著，有的人甚至根本看不出來點燃了沒；❷ 她既不嗨，也不叫，表情還非常自制；❸ 對方的肢體不太配合，他也找不到位置；❹ 別說變換多個姿勢，就連一個姿勢都堅持不了多久；❺ 摩擦抽插似乎沒給對方帶來愉悅，而是疼痛。這些落差為這些初經人事的男孩帶來很大的心理落差和挫敗感，他們急需接受完整的性教育。

真實女性愉悅升溫的路徑究竟是怎樣的呢？下頁圖6-5描繪出兩性升溫直到高潮的路徑差異。姑且不論沒有達到高潮的情況，或是忽略不同女性生理心理偏好的差異，單純假設雙方都嘗試取悅對方的敏感區域。

圖6-5左側是男性的高潮路徑，從性喚起到高潮，時間中位數是6分鐘。一開始是刺激性敏感點，而後愉悅感提升，隨著時間推移漸漸達到高潮。路徑類似一條小波浪，也就是不斷摩擦生殖器，不斷升溫，不斷摩擦，不斷升溫……直到沸騰。

圖6-5右側是女性的高潮路徑，從性喚起到高潮，時間中位數是19分鐘。路徑在性喚起後的5分鐘內呈現中型波浪狀，此時女性的心理反應是：「嗯，有點舒服。咦，又沒那麼舒服了。

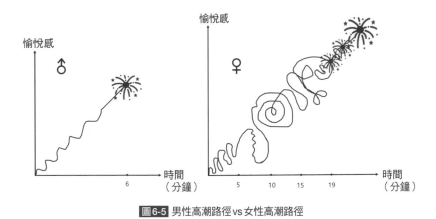

圖6-5 男性高潮路徑vs女性高潮路徑

哦，那個位置舒服，呀，位置又偏了……」接下來的3分鐘內，女性的愉悅感快速提升，但突然被伴侶的某個動作弄痛，愉悅感立刻快速下滑；接近10分鐘時，她可能因為伴侶的一句讚美或情話，重新專注於身體的感受，愉悅感迅速上升；10 ～ 15分鐘，她想起過去某個經歷或者幻想的劇情，陷入恍惚之中；15分鐘後，她腦中時不時冒出一些雜念，但又重新回到當下，還可能變換姿勢得到新一輪的刺激，終於在19分鐘得到一個小高潮；接著又適當地更換角度、姿勢、手法，愉悅感持續加強，很快得到第二次和第三次高潮。

◎ 享受沿途的風景，比抵達終點更重要

　　這個路徑圖跟男女逛街購物的習慣差異非常相似。男生想要買一條褲子，他去到商場，直奔自己喜歡的品牌和店家，找好款式，試穿一下，沒問題就付帳，結束搞定。女生想要買一條褲子，心想反正要出門，乾脆順便逛一逛其他東西。撇開出門前的

各種準備不說，出門後，女生會逛遍商場的每一層。她一定會去某個品牌的專賣店，但這不妨礙她邊走邊逛邊比較，增加選擇，貨比三家……試試裙子，試試口紅，再試試帽子，喝杯咖啡，吃個冰淇淋，看看飾品配件，再上個廁所，補個妝……逛街是玩耍的過程，一下子就買到要買的東西，90%的樂趣都喪失了，女生覺得那樣很無聊。

據說，這個差異跟兩性大腦的演化差異有關。在演化過程中，男性學會更加享受達成目標的那一瞬間，女性則學會更加享受過程中即興發揮的樂趣。如果女性能撇開社會性腳本的捆綁，在性愛中放開手腳玩耍，一定會比男性獲得更多樂趣和愉悅。而對樂趣的嚮往，既是對愉悅的嚮往，也是對融合的慾望，需要在開放、自由、安全的環境中充分釋放，而不是直達目的地，追求完成感。

換句話說，假如一起逛街的伴侶不斷地問：「哎，你不是要買那條褲子嗎？怎麼還不去？」、「哎，你再吃，再吃褲子就穿不下了！」、「哎，快一點，待會我們還有事！」這些質疑和表達都很掃興，會讓女性的樂趣大大減分。長此以往，她要麼變成習慣性壓抑玩耍的樂趣，要麼獨自玩耍，要麼找別人玩耍。

所以，女性的慾望不是洩洪的水壩，噴湧而出後枯竭，而是時而像涓涓細流，時而像滾滾波浪。流勢如何，全看天氣和地形。如果她的水流結凍了，需要溫暖的陽光讓她融化；如果她的水流淤塞了，就用愛疏通使之繼續奔流；如果她的水流乾涸了，一定是生理環境需要修復和重建。這份慾望的水流跟地球上的水資源一樣，只要珍惜和善用，不浪費、不破壞、不忽視、不汙染，就永不枯竭，持續滋養整個生態系。

挖掘愉悅泉源 *Notes*

❀ 早在50多年前，性科學的實證研究就已經證明，「女性的高潮來自插入式性行為」是一個迷思。

❀ 每個可愛的陰蒂都渴望被愛！既然陰蒂只為了愉悅而存在，為什麼不用呢？

❀ 絕大部分男性射精後就進入消退期，期間無法再次勃起；但女性可以在高潮後的一兩分鐘內再次高潮，甚至多次高潮。

❀ 女性的「性冷淡」和男性的「陽痿」一樣，都是偽命題；即使有，也是情境式的「心冷淡」。

❀ 女性的慾望不是洩洪的水壩，噴湧而出而後枯竭，而是時而像涓涓細流，時而像滾滾波浪。

第七章

解鎖知識 *Step 3*

了解你的親密隊友

女人總是困惑於來與不來，
男人始終執著於行與不行。

男人其實
不比女人好做

　　女性的愉悅受到社會長久以來的迷思扭曲，那男性呢？大多數女性可能會覺得，男性的愉悅應該沒有什麼迷思，他們比女性幸運很多，也任性很多。我原本也這麼認為，但隨著諮詢的個案愈來愈多，我才發現所謂「天道好輪迴，蒼天饒過誰」頗有道理。

　　男性的生理身體確實像前文所述，因為生殖器在體外，可以時時觸碰，對於刺激的感受明確，視覺和手感變化也很外顯，所以男性從小到大對於自己的生殖器特別熟悉與親切，進入青春期後雖然會因為它不太受控制而苦惱，但無論是自慰或是進行插入式性愛，男性愉悅的反應從勃起到射精都清晰可辨，有什麼可以誤解的呢？可惜，人就是這麼複雜的生物，即使生理身體清晰可見，社會身體仍然有辦法讓你誤解。

　　網路上流傳「男人是由性生愛」；大眾影視作品描繪「男人是下半身思考的動物」；著名的虛假調查報告表示「男人每7秒鐘就會想到一次性」；愛情動作片的男主角可以輕輕鬆鬆地持續30分鐘以上；民間傳誦的男性修行境界是「金槍不倒」；男性用品廣告標榜「做隨時隨地都能上的真男人」、「更粗、更硬、更持久」……

　　如果說女性的愉悅與功能被社會剝離，那麼男性的愉悅與功

能就是被社會綁定。換句話說，男人「行」的時候就愉悅，「不行」的時候就不能愉悅。又或者說，男性的「行不行」比「愉不愉悅」更重要。盤點我諮詢過的男性個案，他們沒有一個諮詢的目的是讓自己更愉悅的，幾乎都是困惑於為什麼不能「更行」一點。

　　後文將列舉三個最具代表性的男性個案，看過之後，或許你會發現，男人的愉悅得來不比女人輕鬆。

我想要的
只是一個崇拜的眼神

個案 19 我什麼都還沒做，她就已經溼了

吳先生：我覺得自己很『行』的一次經驗，對象不是我的太太。那位女性讓我感覺特別好，她總是用崇拜的目光看著我，每次我們在一起她都非常興奮，聲音和肢體語言顯得很陶醉。

心理師：聽起來她的這些表現讓你覺得被渴望、被欣賞，所以你需要被渴望和被欣賞，才能充分勃起，對嗎？

　　吳先生年近50，身材瘦高，事業有成，海內外都擁有豐厚的資產。他來諮詢的主訴是跟妻子的性生活「不和諧」。吳先生掌握家裡的財政大權，太太不需要外出工作。他們有時候在國外生活，有時候回國居住。太太的主要責任就是帶好一對兒女。吳先生第一次來諮詢時，展露出他成功男性的優越氣勢，坐姿霸氣，侃侃而談，時不時展現他淵博的知識。那個架勢不太像是來諮詢，倒像是來談判或是接受商業媒體採訪。

　　同時，吳先生也很直接，諮詢沒多久就揭露自己的問題：「我有時候『行』，有時候『不行』。」接收到我關注的訊號，他接著解釋：「只要少了心理優勢，我就『不行』。就算對方再漂亮，再性感，我也『不行』。」我繼續看著他，他自嘲地笑說：

「學心理學的朋友說我面對優秀女性會有心理障礙，對方必須比我『低』很多，我才可以。」我問他：「你同意這個說法嗎？」他說：「我覺得有道理。」

能不能無條件地接納我

心理諮詢最難應對的通常是當事人已經有一套自己的理論，且堅信不疑。這代表他們的心理防禦機制很強，也意味著他們的社會身體更為發達。吳先生便是如此，所以我沒有與他討論「對方比我低」的含義或是對錯，即使我很懷疑這「高低之分」的假定，就是他「不行」的根源。

我選擇請他具體說明「行」的情景，並問道：「能說說看，讓你印象深刻、覺得自己很『行』的一次經驗嗎？」他稍微遲疑了一下，說道：「嗯，但那次不是跟我太太。我先申明，我跟太太結婚快20年了，她生完孩子後我們便各過各的，特別是在國外居住期間，我們實行開放式婚姻，也有與其他人發生關係……」他這段話說得有點結結巴巴，似乎有點緊張，但又努力自我控制。為了緩解他的緊張情緒，我說：「這種生活方式，最近在國外比較流行。」他馬上說：「是的，我也是受到身邊友人的影響。」為了拉回話題，我問：「所以，在你發生關係的其他人中，有讓你感覺特別好的，是嗎？」他接著說：「是的，有一位女伴讓我感覺特別好，即使我不服藥，也可以表現得很好。」

一般來說，男性選擇心理諮詢來解決他們「不行」的問題之前，通常已經做過多方調查研究和嘗試了。舉凡從網路上找答案、去醫院檢查、服藥、換個人試試看等，大多是排除了生理器質性問題之後，發現（或者經男科醫生提醒）自己可能是心理問題，才會走進心理諮詢室。所以從他的自述中可以聽出他沒有生理疾

病，服藥可以作為輔助，而面對不同的人、不同情境，勃起狀況也有差異。還有一點，他確實希望能跟自己的太太正常進行性行為，不然他也不會來諮詢。因此現在最重要的，是了解到底怎樣的情境符合他的勃起條件。

我繼續問吳先生：「你說她讓你感覺特別好，能多說說她怎樣的表現讓你感覺好嗎？」他認真想了想，說：「每次我們在一起她都非常興奮，我還沒做什麼，她就已經很溼潤了，一副興奮到不行的樣子，聲音和肢體語言都顯得很陶醉。她覺得我很厲害，總用崇拜的目光看著我。」說到這裡，快50歲的吳先生流露出一絲羞怯和興奮的表情。我回應他：「聽起來她的表現讓你覺得被渴望、被欣賞。」他馬上說：「是的，就是這種感覺！」我再次點明他的需要：「你需要被渴望和被欣賞，才能充分勃起。」他此刻好像意識到了什麼，喃喃自語：「哦……所以，我不是要比對方優越，而是需要被渴望和欣賞。」我繼續跟進：「被渴望和被欣賞，讓你感覺怎麼樣？」他進一步放下戒備，輕聲說：「被無條件地接納。」我點了點頭，沉默下來，讓對方沉浸在這個發現真相的寶貴時刻。

◉ 放下「必須要贏」的枷鎖，慾望才能流動

男性的社會身體長期浸潤在競爭的環境裡，以致他們建立起一種「我必須很優秀、很強大，才有價值」的邏輯，同時還連帶著許多「才能在社會上立足」、「才能娶到老婆」、「才能撫養兒女」、「才對得起父母」等包袱，尤其是像吳先生這樣的男性，他自童年時期便不斷被父親責罵打壓、嚴苛對待，讓他深刻習得「必須要贏！」的生存法則，這也成為他被愛、被接納的條件。

這類人無論在什麼環境下都要占據主導地位，才能感覺到自我價值，否則就會被深深的自卑所困擾。這樣的男性往往是職場、官場上的佼佼者，在親密關係中也會無意識地沿用相同的模式。在家庭中占據主導位置，是他們唯一熟知可以獲得尊重的方式。

那為什麼處在主導地位的人，在妻子面前反而「不行」呢？

你的交感神經需要好好放個假

這就要從人的自律神經說起。自律神經是沒有受過特殊訓練的人無法用主觀意識控制的神經系統，主要負責身體的基本生存反應，比如，消化、內分泌、性反應。自律神經系統包括兩個部分，分別是交感神經和副交感神經。這兩套系統會相互拮抗，也就是說「你工作，我就休息；你暫停了，我才啟動」。交感神經負責應對壓力，幫助人迅速選擇「戰還是逃」（fight or flight）的壓力反應（Stress Response），類似於消防和警察部門；而副交感神經只有在放鬆狀態下才會啟動，正常運作，類似文化和娛樂部門。

吳先生因為習得在職場和家庭中占據主導地位，所以他在太太面前總是擺出優越的姿態。在這種情況下，身體的交感神經必須保持活躍，也就是說，消防和警察部門總是不下班，因而導致身體無法放鬆，副交感神經遲遲不啟動，文化和娛樂部門無法正常營業，自然影響了血液運行，無法輸送足夠的血液到生殖器。除此之外，還有一個心理互動因素，就是吳先生長期在生活空間和決策權上壓制妻子，妻子一定也會有意識或無意識地找機會反對或反抗長期主導的丈夫。吳先生說，每次他主動要求做愛，太太都不冷不熱，沒什麼反應。如果他又無法正常勃起，太太便會露出輕蔑的表情，彷彿在說：「就這樣，你還想要啊？」受到蔑視的吳先生，那一點脆弱的自信心馬上崩潰，交感神經的壓力反應

啟動，血液上湧，更無法支援生殖器勃起。

　　而吳先生與婚姻之外女伴的關係跳脫他思考框架中任何熟知的人際模式，他終於可以暫時忘記「必須要贏」的規則，從而放鬆下來，血液循環自然充沛很多。還有更重要的一點，那位女伴總是渴望和欣賞他，賦予他「無條件接納」的感覺，這是吳先生從小到大一直缺失且不斷尋找的。

自由切換職場與家庭模式

　　那麼吳先生的困境該怎麼破解呢？其實很簡單，只要當事人意識到他原有模式的局限，把職場的競爭模式留在職場，並在家庭中學習建立兩個新的模式：

❶「無競爭」模式。這個模式遵從「三無三有」原則：無對錯、無條件、無輸贏；有溫暖、有樂趣、有分擔。讓太太感受到更多的尊重和權力，她自然不會把拒絕和嘲笑的權力用在床笫之間。等親密關係改善後，雙方再重新評估需不需要開放式婚姻。不能把所謂時尚的生活方式當成自己逃避成長的藉口。

❷「放鬆」模式。每個現代人都應該學習放鬆，舉凡健身、正念、靜心或是冥想，都是不錯的方法。學會放鬆，副交感神經才能活躍，如此一來不僅可以緩解焦慮，改善消化和內分泌系統，性生活的表現也更能如魚得水。

想戒也戒不掉的
征服快感

付先生：每次出差我都會在下榻的飯店叫應召服務。我的時間很短，很快就會結束，單純是為了洩慾和放鬆，但我愈來愈沉迷，想戒卻戒不掉，我到底是怎麼了？

心理師：為了找出問題所在，你不妨先想想，只是單純洩慾嗎？或者還有一些挑戰禁忌的刺激感和獲得掌控的滿足感？這種感覺，你跟太太做愛時，也能感受到嗎？

　　30多歲的付先生身材中等，長著一張很有少年感的圓臉，是一家新創企業的合夥人。他來諮詢的主訴是：「我想弄清楚自己到底是怎麼了。」

　　付先生非常關注自己的心智成長，他會主動向外界尋求心理健康的支援。他自稱是個「媽寶」，因為這個問題，他跟太太在婚後兩年間摩擦不斷。經過一段時間的心理諮詢後，付先生對自我的了解大幅提升，也知道該如何將親密關係排在家庭的第一位。然而，家庭關係穩定下來之後，他的創業計畫正好上了軌道，免不了要頻繁地出差。

　　出差生活疲勞且枯燥，剛開始，付先生為了放鬆選擇去按摩

店按摩，後來他嘗試了特殊服務。再後來，他在酒店無意中發現更「高級」的應召服務，最後漸漸沉迷其中。他說自己每週都去按摩店1～2次，每個月叫2～3次的應召服務。他對現況感到很困惑，不知道自己到底怎麼了。他既擔心自己的健康，又自責不道德的行為，更害怕法律的制裁。但是，愈害怕他就愈興奮，愈來愈沒辦法控制自己。

打破禁忌的刺激與快感

愈害怕，愈興奮？我在上一個案例中曾提過，副交感神經需要放鬆才能啟動，讓性功能正常發揮，然而付先生在害怕的情況下反而更興奮了，為什麼？這和性學上的另一個著名現象有關，那就是社會禁忌的刺激。**對許多人而言，性喚起的要素之一就是「禁忌」，愈是禁忌的事情，愈能激發性慾。**雖然目前還沒有任何實證研究可以解釋這樣的生理變化，但有可能跟人體的激素分泌相關。略微打破顯而易見的社會禁忌能促使人體分泌雄性激素，而雄性激素正是性慾及攻擊性的催化劑。

英國心理學家布瑞特·卡爾（Brett Kahr）在《人類性幻想》（*Sex and the Psyche*）一書中，收錄了兩萬多人的性幻想，其中大多數是無法實現的社會禁忌[1]。我諮詢的個案中，也有不少令人難以啟齒的偏好，比如，對年長者、主管、鄰居、物品、公共場所等抱持性幻想。這些遊走在法律和道德邊緣的禁忌，往往讓人「性趣」盎然。曾有一個當事人告訴我，如果那個愛好不再是社會禁忌，他應該就不會再玩了，因為沒意思。

或許不是最好的，卻是最方便的

為了更進一步解答付先生的困惑，在第二次諮詢中，我請他

詳細描述購買應召服務的過程，包括在尋求服務之前他的身心狀態，預約當下的心情，以及服務人員到場前、中、後的狀態和情緒變化。

他斷斷續續地描述了這個過程：「每次預約都是在工作結束後。回到出差下榻的酒店，我感覺有點無聊，就想叫應召服務。其中有一兩個我覺得比較聊得來，後來就固定找她們。跟她們確定好時間之後，等待過程是最興奮的。她們來了之後心情反而比較平靜，而且我的時間很短，很快就會結束。結束後清理一下，我們會放鬆地聊天。等我感覺累了，她們就離開。」聽完整個過程，我回應道：「這聽起來很像是工作之後的娛樂活動，讓你放鬆，然後休息。」他說：「是滿像的。」我問：「一般在工作結束後，除了這個方式，你還有其他的放鬆活動嗎？」他想了想，搖頭說：「沒有了。」

從付先生的描述中梳理出他的情緒邏輯，就能充分解釋他的行為。以下依序整理出幾個狀態和情緒的組合：工作結束／感覺無聊➜約應召服務／興奮➜開始互動／平靜➜時間很短／情緒不明➜行為結束／鬆懈、疲累。由此可以判斷，這是一個單純洩慾放鬆的行為模式。如果一個人有多種放鬆和娛樂的管道，他（她）未必會選擇最冒險的那一種；但如果沒有別的替代方案，而這種又是最方便的，那他（她）自然就會不斷重複冒險行為。

征服的感覺讓人無法自拔

但是，直覺告訴我，事情沒有那麼簡單。所以，我進一步挖掘道：「你說只有在等待期間感覺興奮，開始後就比較平靜。那開始後有沒有其他感覺，讓你特別享受？或者她們有什麼行為，是你特別喜歡的？」他想了幾秒鐘，選擇回答第二個問題：「一般

來說，口交我比較喜歡。」我點頭表示了解，他接著說：「我比較享受指揮她們的感覺。」我重複他的話：「你很喜歡指揮她們的感覺。」他說：「是。」我問：「那讓你有什麼感覺？」他說：「有征服感。」我重新組織他的話，再說一遍：「你從指揮的過程中，感覺到征服了她們。」他說：「是。」我再問：「有成就感嗎？」他說：「嗯，有一點。」

因為付先生有自我反思的習慣，所以我採用激發他反思的方式來總結此次諮詢的收穫。我問：「說到這裡，你有沒有發現自己在性交易的過程中，真正在尋求的是什麼？」他若有所思，回答道：「我原本以為單純是為了發洩生理慾望，現在想來好像不只是這樣。」我繼續問：「你覺得更多的是什麼？」他清晰地總結道：「是挑戰禁忌的刺激感和獲得掌控的滿足感。」我點頭表示同意。

◈ 解放被文化價值捆綁的自尊

遇到付先生這類非常善於利用心理諮詢的當事人，心理師便能加快推進的節奏，所以我緊接著把話題拉回他跟太太的性生活，問道：「這種感覺，你跟太太做愛時，也能感受到嗎？」他說：「不能，因為我時間很短嘛。」在整個諮詢過程中，這句話他至少重複了四次，每次他的情緒都是抽離的，現在或許是一個討論的好時機。於是我回應道：「你已經重複過好幾次，說自己的時間短。」他直接回答：「是的，這是我比較在意的事。」我再問：「因為時間短，所以沒有征服感嗎？」他說：「對，因為我會自卑嘛。」我又問：「時間短是多短呢？」他又答：「一分鐘左右。」

他在回答的時候眼眉低垂，目光看向地面。我在許多男性臉上看過這樣的表情，他們對自己的性能力感到羞恥，看起來無地自容，恨不得馬上挖個地洞鑽進去。我不禁深深為付先生受到的文化價值捆綁感到悲哀。為了讓他從不同角度看待這個問題，我問：「你跟性工作者性交，時長會不一樣嗎？」他回答：「時間差不多。」我問：「那跟她們相處，你會感到自卑嗎？」他說：「不會，可能因為我是客戶吧，況且我也不在意她們的感受。」

雖然付先生沒有把時長當成諮詢的主訴，但從他重複這句話的次數來看，顯然這個問題對他造成不小的影響。那麼，一分鐘真的是個問題嗎？

與其計較時間長短，不如改正認知

2009年，一項跨越五國、共500對異性伴侶參與的問卷調查[2]顯示，男性插入後的普遍時長0～3分鐘的占22%，4～11分鐘的占54%，12分鐘及以上的占24%，而超過21分鐘就屬於異常。但這只是統計數據，就個人觀感來說呢？

先從一個角度來看，同樣的時長，面對伴侶，一分鐘讓人感到自卑；面對收費的性工作者，一分鐘獲得征服感。你看，**問題根本不在於時長，而是性伴侶之間的自我定位。**

再從另一個角度來看，男人對於一分鐘的自卑，並不是太太造成的，因為太太沒有抱怨時間短，而是社會文化建構出的環境不斷強調「男人愈強，時間愈長」的概念。付先生在男性製造的價值鏈中內化了低人一等的感覺，而這跟他的伴侶根本無關。

接著從第三個角度來看，**如果是為一分鐘太短無法取悅太太而自卑，這完全屬於男性的認知偏差，認為只有插入陰道才能取悅伴侶。**看過上一章的人都知道，這個認知大錯特錯。

　　最後，男性「陽痿」有明確的診斷標準，只有硬度不夠，以致無法進入陰道，影響基本的生育功能，才算是勃起功能障礙。據調查，全世界大概有30%上下的男性自稱遇過這樣的問題[1]。而「早洩」這個偽命題，雖然在《精神疾病診斷與統計》（第五版）中依然有收錄，而且以一分鐘以內作為判斷早洩的標準。如果遵照這個標準，時長落在59秒和61秒的人就發生了醫學意義上的診斷差別。那這個時間標準不是顯得很可笑嗎？所以，如今有愈來愈多學者主張消除這個概念。關於這個問題，誰該有發言權呢？假設伴侶覺得沒問題，誰又該介意呢？如果按照演化論，為了在野外生存，不是應該時間愈短、射精愈快的男人愈有機會繁衍呢？要是女伴覺得時間過長很煩人，男人是不是應該吃點加速射精的藥呢？

　　幸虧付先生沒有為自己貼上「早洩」的標籤，不然此次諮詢還得多一個流程，也就是幫助他解構概念，撕去這個標籤。

疏通性能量，朝心智方向流動的連鎖效應

　　經過兩次諮詢後，我可以比較完整地回答付先生「我到底怎麼了」的問題，用雙重控制模型（Dual Control Model）[2]來解釋他的性反應過程最為恰當。

❶抑制過程（Inhibitory Process）：受到時長帶來的自卑感壓抑，

1　資料來源：美國國家醫學圖書館（National Library of Medicine）網站與2006年發表的學術研究。

2　性反應雙重控制模型（The Dual Control Model of Sexual Response）：源於美國著名的性學研究機構金賽學院（Kinsey Institute）的一個理論模型，意指一個人的性反應是在刺激和抑制過程中獲得平衡的產物。

美國國家　　　2006年
醫學圖書館　　學術研究

無法從婚內性生活獲得強烈的征服感和挑戰感。

❷ 刺激過程（Excitatory Process）：疲勞後的洩慾，打破禁忌的刺激，以及出差在外獲得性服務的便利，促使他叫應召服務的行為習慣。

那該怎麼解決呢？

❶ 出差時依賴性工作者的放鬆模式太過狹隘，需要增添更豐富、更有樂趣、更多樣的休息娛樂方式。

❷ 對女性的愉悅有認知偏差，需要跟太太多多溝通，了解她喜歡的愉悅方式。如果她也不了解，就一起學習，一起探索。

❸ 插入時長太短造成的自卑感，一方面，需要解構社會敘事中的「比較」概念；另一方面，如果很想提高時長，可以制訂健身計畫，針對盆底肌加強鍛鍊。

❹ 覺察到自己對於征服感以及挑戰禁忌的渴望，並逐步將之轉化為創業的動力，將慾望昇華。

釐清思路之後，付先生的生活和工作漸漸步上軌道。兩週後，我再次為他諮詢，他對於自己的性行為似乎不再擔心，話題一直集中在創業的種種困難，希望透過諮詢梳理出新的思考方向來解決難題。我認為這是身體慾望得到昇華的現象，因為從整合心理學的角度來看，性能量淤塞在身體裡，會導致對外界物質的依賴。**如果性能量能順利流動，並且向心智的方向流動，則會為人帶來前所未有的創造力。**以付先生的狀態來看，他的生活有所改善，很可能是因為拆解了「抑制過程」，紓解了自卑感，性能量開始流動。他將自己的征服慾和挑戰慾轉移到事業上，注意力和興趣也跟著轉移，而克服和解決事業上的難題將為他帶來更具

建設性的心理滿足和成長。但「刺激過程」的影響呢？依然具有作用，還是得以分散和弱化呢？

　　為了確認他在這方面的變化，我在諮詢快結束時，特地詢問他最近的生活狀態。他說：「最近兩週我去做了兩次全套按摩，但沒有再找應召服務。近期最大的變化是每天只睡五六個小時，但我學習和工作的興致高昂。以前看別人作息規律，每天早起，每週看一本書等，覺得過得這麼自律很不可思議，但現在，我好像能體會這種感覺了。」我回應他：「這種感覺很好，聽起來像是你的內在動力增強了，不再需要外界的規範來約束自己。」他說：「是的，奮鬥的方向好像也更清晰了。」我問：「那時間安排得這麼緊湊，疲勞的時候怎麼辦？」他說：「對了，忘記告訴你，我找了私人健身教練，每週鍛鍊兩三次。」我回應道：「哦，那太棒了！」

　　每個人的變化和成長都不是呈直線上升的，付先生看似突飛猛進，卻也可能在很短時間內遇到瓶頸，或者反覆不定。然而，就跟運動員或者飛行員受訓一樣，高難度的翻滾動作可能會失敗很多次，但只要有一次做對了，大腦就會產生新的連結點，後續成功的機率便會漸漸上升。一旦成功的次數多到形成肌肉記憶，就能不假思索地做出翻滾動作。

　　付先生的諮詢還未結束，他仍然時不時需要出差，我相信等他事業穩定、回歸家庭之後，將再次面臨親密關係的挑戰。他努力健身、時長改善，自卑感就會完全消失嗎？跟太太的性生活會很和諧嗎？還是會有新的困擾呢？人生的懸念總是一個接著一個，但是，闖過一個又一個難關後，愈來愈了解自己是誰，永遠是最大的收穫和愉悅。

即使做再多
也得不到滿足

個案21 上班上到一半,突然覺得很想做,就⋯⋯

高先生:有時候性衝動一來,即使上班時間也會跑出去,不把衝動解決掉,就沒辦法繼續工作。我這樣是不是性成癮?

心理師:性行為的頻率、口味和偏好都不能證明一個人是否上癮,性衝動和行為的後果以及自我控制的能力,才是判斷問題嚴重性的關鍵。

　　35歲左右的高先生身材中等偏小,體型精幹,行動敏捷,穿著和髮型都很簡潔。他來諮詢前沒有詳細說明自己的困擾,一般來說,這樣的當事人大多覺得自己的問題難以啟齒,所以在跟心理師建立起信賴關係之前,會特別注意保護隱私。

　　高先生有一雙特別機警的眼睛,似乎時刻關注著周遭的環境。諮詢過程中,他一直侷促地搓著雙手,腳尖上下移動,眼睛也無法與我對視,所有肢體語言都顯得很緊張。他嘗試開口,卻無法直接說出自己的需求。我判斷他從未做過心理諮詢,而且他的問題可能比較敏感,不太好開口。於是,我決定為他多介紹一些性心理諮詢常見的個案和心理諮詢的工作模式。

　　心理諮詢的第一次會面,通常是諮詢心理師和個案相互建立

信賴關係的過程。心理師處於主位，必須確定當事人的主訴在自己的專業範圍內，以及個案的狀態是在可以控制的安全範圍內，如此才能放心地發揮所長。剩下的選擇權則要交給當事人，因為他們處於客位，要考慮的因素很多，且各有各的性格。想想，當事人要跟一個完全陌生、才見過幾次面的人和盤托出自己最私密、最陰暗、最羞恥的生命故事，所以主導權必須盡量交給他們，才更加公平。

通常當事人聽過各種案例之後就會放鬆很多，因為在其他案例的襯托之下，他們顯得不那麼奇怪了。而介紹工作模式也能為他們消除一些疑慮，同時避免錯誤的期待。

果然，聽完介紹後，高先生心裡比較踏實了，便慢慢地、一字一句地說道：「近兩年我嘗試了所有能想到的方式，從付費的到不付費的，從常見的到不常見的……然而有時候性衝動一來，即使上班時間也會跑出去，不把衝動解決掉，就沒辦法繼續工作。有一次，我在家看到對面的女鄰居換衣服，也忍不住……」我還來不及回應，他就急著問：「我這樣是不是性成癮？」

與其說是「性成癮」，不如說是「愛無能」

「性成癮」（Sex Addiction）是1970年代西方性解放運動期間形成的概念。然而，無論醫學或心理學界，都對相關診斷抱持疑慮。在第四版的《精神疾病診斷與統計》中，曾經收錄一項診斷叫做「性慾亢進」。但因為沒有充分的實證研究證明，在第五版中已不復見。既然國際上對於「性成癮」沒有官方標準，嚴格來說，就不屬於疾病。但是，「性成癮」和暴食症、賭癮、網路成癮一樣，歸根結柢都是因為內心需求未被滿足，而以暴力和破壞的形式轉移到某個載體上。所以，在心理治療中把性成癮當成強

迫症來處理，可以提高治癒率。

　　高先生的行為能診斷為強迫性性行為嗎？首先，**性行為的頻率、口味和偏好都不能證明一個人是否上癮，性衝動和行為的後果以及自我控制的能力，才是判斷問題嚴重性的關鍵**。診斷參考如下：

❶ 你想要，是不是一定就要馬上得到，一刻都不能等？比如，在工作、上課，或者行程半途中必須停下來解決需求。

❷ 你的性行為是否為生活其他方面帶來不良影響？比如，寧願犧牲與伴侶的親密關係，也忍不住要做；或者為了滿足性衝動揮金如土；或者是不眠不休地看色情片。

❸ 性衝動是否伴隨著一系列的負面情緒？比如，自責、內疚、後悔、焦慮或者憂鬱。

❹ 這樣的狀態是否已經持續了六個月以上？

　　以上四個標準都符合的話，就可以診斷為強迫性性行為。而這樣的行為究竟是什麼導致的呢？美國性成癮研究專家派翠克・卡恩斯（Patrick Carnes）博士在他的《走出陰影》（*Out of the Shadows*）[3]一書中表示，**一個人的上癮問題跟他（她）的自我認同有很大關係**。比如，有性成癮問題的人，通常把自我價值附屬在性關係上。如果沒有性關係，他們就感覺不到自我價值。而這個自我價值完全是內在感受，跟外在的成功與光鮮並無直接關係。

　　就像美國著名高爾夫冠軍老虎伍茲（Eldrick "Tiger" Woods），成功如他，也一樣深陷強迫性性行為的泥沼多年。嚴重的性成癮問題會讓人心力交瘁，即使表面上看起來瀟灑不羈、桃花不斷，實際上往往性生活品質低下，需求得不到滿足，而且每次性行為之

後都會陷入無盡的空虛和痛苦，無法自拔。所以與其說他們是「性成癮」，不如說是「愛無能」。

◈ 直面那些刻意埋藏的幼年傷痛

我相信在高先生的行為表象背後，一定也有不為人知的痛苦。在後續的諮詢中，我漸漸了解高先生的家庭生活。他已婚八年，有一個六歲的女兒。他很少回家，跟太太之間的關係極其冷漠，毫無親密可言，更別提性生活了，多年的婚姻形同虛設。而他也很少陪伴女兒，僅僅是負擔女兒的養育費用。在他的生活中，似乎感受不到一絲溫暖，只有名義上的完整家庭。

按照心理治療的脈絡，個案與伴侶的親密關係出現問題，心理師通常會追溯至原生家庭，從個案與父母的相處模式和早期依戀（Attachment）關係中尋找治療線索。但是，高先生的防禦心很重，很多話題不願意深談。他只說自己不是本地人，從小在親戚家長大，現在也不太跟老家的人聯繫。而我只能耐心等待，等待他準備好向我打開心扉。

經過幾次諮詢後，高先生表示他的強迫性性行為減少了，伴隨的負面感受也降低了，最近的職場表現不錯，也接到新的專案。在正面能量的驅動下，他開始認真考慮要不要結束跟太太的關係，以及如何結束。此時，我更加明白，之前的強迫性性行為，以及談到家庭總是一筆帶過的表現，都是高先生為了避免痛苦而自我麻痺的防禦機制。但這份痛苦似乎超過他在親密關係中的問題，到底是什麼呢？

終於有一次，他願意提起自己的童年。他說：「我從小跟著外婆長大，外婆對我滿好的，但我總有寄人籬下的感覺。」聽到

這裡，我開始能理解他的防禦心來源。我回應道：「所以你對周圍的環境很敏感，是嗎？」他笑了笑，說：「你是在說我沒有安全感嗎？」我問：「你有安全感嗎？」他沒有正面回答，卻說：「我可以應付。」我知道他的防禦機制又啟動了，但這次我感覺他願意多聊一些，所以我問：「你幾歲的時候被父母送去外婆家？」他說：「我不太記得父母的事了，他們在我三歲那年出車禍去世了。」他眼睛眨也不眨地說出這句話，非常平靜，就像在說別人的事。而我卻愣了幾秒，一時間被他突如其來披露的大事件以及伴隨的異常平靜震驚了。在這種情況下，我想最好的應對方式就是什麼都不說。於是，沉默幾秒鐘之後，他說：「不過這件事對我好像沒什麼影響，那時候我太小，記不太清楚。」我感覺他這句話不僅是在安慰當下震驚的我，更多的是安慰他自己那顆曾經幼小的心靈。

　　這次諮詢以後，高先生有好一陣子沒再來見我。我覺得可能是那一次談話太過深入，當事人產生阻抗心理而不願再回來。我也跟自己的督導討論了這個案例，這是心理師必備的自我成長方式之一。雖然督導不認為我的處理方式不妥，但我還是一直記掛著高先生的情況。

　　自那以後三個月，高先生又預約了諮詢。他不僅看起來跟之前不太一樣，變得更有精神，眼神更亮，同時也多了一份迫切求助的氣勢。感覺我們的距離一口氣拉近了許多，我正好奇他遇到了什麼事，他就直接拋出震撼彈。他說：「我最近愛上了一個女生，我從來沒有這麼強烈地愛上一個人。我認識她是在……」高先生述說起這段經歷，聲音充滿力量。他的表情鮮活，雙眼發亮，就像青少年初次戀愛一般，他如獲至寶，彷彿人生第一次真正地活著。

「性」其實是自我療癒的過程

　　高先生的情況是一個非常完整的心理學議題。「性」只是一個引子。看起來像是「性成癮」為他帶來生活的混亂和精神的折磨，但實際上恰好相反，是他幼年父母雙亡的創傷，以及爾後寄人籬下的孤獨，讓「性」成為他自我慰藉、尋找安撫的方式。透過「性」，他才擁有足夠的掌控；透過「性」，他才敢表露那些不為人知的陰暗；透過「性」，他才能在肉體的溫暖中暴露脆弱。接受赤裸、陰暗、脆弱的能力，不就是無條件愛的能力嗎？而接受了他赤裸、陰暗、脆弱的人，難道不是「愛」他的人嗎？所以，高先生是對「性」成癮嗎？顯然不是，他是缺少「愛」。他三歲時隨著父母車禍失去的愛，長大之後需要在「性」中找回來。

　　可能你會疑惑，他為什麼不在婚姻中尋找愛呢？他其實可以，只不過時機未到而已。每個人的成長都必須經歷一個過程：在結合中學會分離，在分離後重新合一，無論是身體、人格，還是精神。身體上，一開始從母親的身體分離，獲得獨立的新陳代謝和生存，成年後，又在性中重新合體；人格上，最初必須先學會與母親並非一體，懂得接受個體的分離，待人格成長完整後，再重新體會與他人的相互連結和依存；精神上，則需要先學會思想上的獨立，懂得尊重多樣的存在，待成熟後，再重新感受人與人之間精神的共鳴。用榮格心理學的概念來說，就是發現自我、回到自我、超越自我（實現自性）的過程；用中國哲學的觀點來說，就是「看山是山，看山不是山，看山還是山」的過程。

　　沒有得到好的分離，就無法實現真正的親密。高先生三歲那年失去父母，就算有外婆的撫育，他還是無法完成正常的分離，所以他的婚姻只是徒具社會形式，讓他成為形式上的成年人，而

他的人格和精神被凍結在幼年時期。這個幼年時期，三歲的年紀，是佛洛伊德理論中，從口腔期（Oral Stage）轉向肛門期（Anal Stage）的階段。他對於愛的索取還停留在身體感受的滿足上，所以需要不斷地性插入體驗，來感受到愛。

　　按照精神分析學派的人格發展理論，**人如果先學會性，再學會愛，才能更好的經營婚姻**。但是現代人有多少是按照這個順序成長的呢？更別說遭受巨大創傷的高先生了。所以，很自然地，他無法從婚姻中獲得愛，他必須先從「性」開始，這是他自我療癒的旅程。而三個月後回到諮詢室的高先生，正處於青少年的狀態，為別人「心動不已」。這代表他的性能量已不再圍繞著生殖器，而是漸漸往心智流動。而此時，他跟喜歡的女性之間的性體驗如何呢？套用他自己的話：「驚心動魄，魂牽夢縈。現在才知道什麼是做愛，以前那些都只是洩慾……」

了解你的親密隊友 *Notes*

❋ 男人「行」的時候就愉悅，「不行」的時候就不能愉悅。對男性而言，「行不行」比「愉不愉悅」更重要。

❋ 把職場的競爭模式留在職場，在家庭中建立「無競爭」與「放鬆」兩個新的模式。

❋ 男人對於只有一分鐘持久力的自卑，並不是太太造成的，因為太太沒有抱怨時間短，而是社會文化建構出的環境不斷強調「男人愈強，時間愈長」的概念。

❋ 有性成癮問題的人，通常把自我價值附屬在性關係上。如果沒有性關係，他們就感覺不到自我價值。

第八章

解鎖親密 *Step 1*

聚焦你的性魅力

——享受真正身心交融的性愛

女人不會自戀，男人不敢脆弱。

跨界整合，
全面提升你的性體驗

　　本書第二、三、四章「解鎖自己」的內容，包括重建中立的性觀念，為自己的性權利負責，擴展對性的光譜和流動的理解；這是為了儲備燃料、防風點火，屬於讓身體「沸騰」的心法。第五、六、七章「解鎖知識」的內容，包括女性跟身體的關係、女性愉悅的揭密、男性愉悅的誤解澄清；這是為了識別冰塊，讓你從冰冷的社會捆綁中解脫。而本章與下一章的內容，則是進一步「解鎖親密」，闡述如何提升性魅力和技能，相當於「火上澆油」，讓水順利升溫，自然而然達到沸點。

　　此外，我還想特別向沒有接觸過心理諮詢的讀者說明，現代主流的心理諮詢和治療主要是發揮揭示和清理的作用，也就是幫助當事人覺察並外化潛意識的影響，類似於醫院清理和包紮病患的傷口。而之後傷口的癒合，則要依靠當事人自己的努力。所以也有學者批評現代的心理諮詢和治療只是讓人減少痛苦，但不能增加快樂。

　　然而，除了奉行正向心理學（Positive Psychology）的人士之外，「性」學界許多細分領域的有志之士也努力改變這個現象。近20年來，部分歐美國家出現了多種與「性」相關的職業。除了最需要權威資質的性治療師（Sex Therapist）和性心理諮詢師（Sex Counselor）以及最具備學術能力的性科學家（Sexologist）之外，還出現了性

教育者、性愛教練、物理治療師、私密處美容保健師等職業。性
教育者（Sex Educator）專門負責傳授知識，為大眾清掃迷思，補充
新知；性愛教練（Sex Coach）專門為伴侶輔導姿勢，提高技能；替
身性伴侶（Sex Surrogate，或稱代理性伴侶、性代理人）用自己的身體跟
客戶互動，以達到治療或提升的目的；物理治療師（Physical Thera-
pist）專注在幫助客戶癒後提高身體機能；私密處美容保健師
（Genital Cosmetician）專注在客戶性器官的外形美容和部分功能修
復。在華人社會，不僅各種相關產業快速發展，各種跨行業的專
家也積極填補空缺。

　　所以，接下來要講述的內容其實已經超出心理諮詢的範疇，
而是性教育者、性愛教練的工作內容。我之所以跨越行業邊界，
是為了整合治療、教育和情趣等多面向，兼顧豐富與完整。不僅
僅是填補一些集體創傷的坑，也希望在坑之上，復原和展現一些
「性」的真、善、美。

可愛性感的女人
都懂得自戀

Q7 裸男和裸女，你更喜歡看哪一個？

第六章提過加拿大性學家契弗斯針對女性慾望進行的研究。根據描記器的紀錄，女性慾望無所不在，性喚起的頻率甚至比男性還要高。比如，異性戀女性看到裸女和裸男的性喚起程度差不多；而異性戀男性看到裸男，性喚起程度卻明顯低很多。激起女性慾望的元素究竟是什麼？契弗斯從實驗中無法確定，但有另一位女性學者做了很多研究。

請看著右頁圖8-1，仔細自我覺察，你的目光是停留在男體上更多，還是女體上更多呢？

女人愛看美男，但更愛看美女

瑪塔・米娜（Marta Meana）研究女性慾望長達數年，她曾擔任美國性治療與研究協會（Society for Sex Therapy and Research）的會長。她的研究方法是透過眼球追蹤技術來研究女性的慾望關注點。她在2007年發表研究結果[1]，表示男性（異性戀）在觀看兩性圖片時，眼神大多聚焦在女性身體上；女性（異性戀）在觀看兩性圖片時，眼神落在男性和女性身體上的機率一樣。女性讀者對這樣的結果想必不會感到意外，或許你在面對不同性別的人體圖像時，

圖 8-1 《牧神和酒神》（*Faune et Bacchante*），法國畫家布格羅（William Adolphe Bouguereau, 1825-1905），1860/1861 年，53.5 x 64公分，油畫，私人收藏

不僅喜歡看男人，甚至更喜歡看女人。這也是為什麼無論男性雜誌或是女性雜誌，都喜歡邀請女性模特兒拍攝封面照片的原因。女人也會在逛街途中盯著其他女人看。性商工作坊的學員們經常問我：「我發現自己更喜歡看美女，莫非我的性傾向……」

米娜認為，這個研究結果既不代表女性的性傾向，也不代表女性總是喜歡跟同性比較，而是「對比男性器官有無慾望的明顯區別，女性身體總是富含希望，暗示著性交的可能」。**這種注視的本質是「被人渴望」；被人渴望是女性慾望的核心。**女性盯著其他女性的身體看，能獲得情慾上的滿足和興奮，因為她們想像自己的身體和眼前的女人一樣，被人灼熱地渴望著。

這個心理原理與「鏡像神經元」有關，而且早已廣泛運用在商業廣告中。無論是商場的櫥窗，還是電視、媒體、電商平台的廣告，無一不是運用這個原理吸引消費者。迷人的模特兒、高級的攝影設備以及修圖技巧創造出一個個廣告圖像，不斷灌輸觀看者「我就是她」的幻象。這個幻象通常會在消費者穿戴上產品的

那一刻破滅，不過又有什麼關係呢，銷售的目的已經達到。在性科學家米娜看來，這種現象體現出一個重要的女性慾望特質：**自戀是女性慾望的核心。**

愈自戀的女人，愈有魅力

在精神分析學派的觀點中，自戀（Narcissism）意味著以自我為中心，忽視他人的需要。這種人格特質的名稱來自希臘神話故事。納西瑟斯（Narcissus）是一位高顏值男神，他深深迷戀水中自己的倒影，到了無法自拔的地步。後世便以他的名字借指過度著迷於自己的外貌以及自我需求的心理現象。精神分析學派認為，每個人都有一定程度的自戀，是正常且健康的心理。但如果當事人嚴重忽視、犧牲或貶損他人需求，一味滿足自我需求和不斷高漲的優越感，且極度缺乏同理心，那就可以判斷為「自戀型人格障礙」（Narcissistic Personality Disorder, NPD）。

有趣的是，2008年的一項調查發現，患有自戀型人格障礙的男性占7.7%，女性占4.8%，換句話說，男性比女性高出60%[2]。這樣的性別比例差異，是否代表人類社會的結構更加鼓勵或允許男性的自戀心理，而限制或壓抑女性的自戀心理呢？此外，是否因為男性普遍比較自戀，所以男性的慾望表現也比較明顯呢？目前這個推斷還沒有實證研究證據。

但是，根據我在諮詢室和性商工作坊的觀察，確實有一個現象可以印證這個推斷，那就是，**愈邋遢、愈不在意形象的女人，愈沒有性慾；而愈精緻、愈注重自我形象的女人，就愈少受「性冷淡」困擾。**產後幾年內的女性尤為明顯，因為她們出於各種生理、心理和社會因素，將絕大部分精力和注意力都放在新生兒身上。然而她們因此忽略了丈夫嗎？其實她們是忽略了自己。愈忽

略自己的女性，愈喪失自我關注，愈放棄自我形象。愈放棄自我形象的女性，外形愈邋遢，就愈遭到嫌棄。是旁人嫌棄自己，還是自己嫌棄自己？兩者互為因果，沒有先後順序。

　　一般來說，高知識、高自尊以及高社會支持（Social Support，亦即來自他人的關心與協助）的女性很容易覺察到自身的狀態，並有機會迅速改變。就像第三章提到的艾女士，在產後四個月內，她迅速扭轉婚姻危機，開啟生活的新篇章。但像紀女士那樣，自我物化嚴重和主觀能動性低的人，恐怕就沒那麼容易改變了。

　　所以，在本章節中，我要用「自戀」來抗衡「自我物化」，讓「自戀」變成一種能力，一種魅力，一種可以衡量、重複、培養，讓自己愛自己，為自己陶醉的行為。這種能力，不僅是每個女性慾望的源泉，也是魅力的源泉；而且不僅是性魅力，甚至是人格魅力的源泉。

凝視自己的身體與靈魂深處

　　世界上大部分的情慾名畫都是男性所作，他們筆下的性感女人常常或妖嬈，或嫵媚。最關鍵的是，那些女人多半與觀者互視，撩撥的眼神彷彿在誘惑觀者，而她們在男性凝視下好似也認同了那種性感形式，換句話說，**她們的性感是為了男性而演繹出來的**。但高爾培（Gustave Courbet）筆下的女性卻顯得自我充盈，自我悅納。下頁圖8-2中的女子絲毫不在意觀者的凝視，觀者甚至看不到她的眼神，只看到她完全沉浸在跟手上那隻鸚鵡玩耍。她的肢體放鬆，神情愉悅，全身力量都集中在與鸚鵡連結的手上，好像全身心只為了與鸚鵡玩樂而存在。這一刻，哪怕她全身赤裸也絲毫不低俗，甚至不色情，而是充滿自信與自洽的美感。

　　還有圖8-3，波蘭畫家波德科溫斯基（Władysław Podkowiński）的

圖8-2 《女子與鸚鵡》（*La Femme au perroquet*），法國畫家高爾培（1819-1877），
1866年，129.5 x 195.6公分，油畫，大都會藝術博物館（Metropolitan Museum of Art）

圖8-3 《狂喜》（*Szał uniesień*），
波蘭畫家波德科溫斯基（1866-
1895），1894年，310 x 275公分，
油畫，波蘭克拉科夫國家博物館
（National Museum in Kraków）

喬治亞・歐姬芙博物館

名畫《狂喜》。畫家傳神地描繪了一匹受驚的黑馬上坐著一個陶
醉萬分的白皙裸女。黑馬的毛色光亮，肌肉健碩，線條硬朗，但
面部和肢體卻顯得驚慌失措，甚至可以說是驚恐到眼球凸出、唾
沫四濺、四蹄騰空。與之相對的是馬上的少女，不僅完全不受黑
馬的驚嚇影響，反而十分放鬆恬然，陶醉萬分地摟著黑馬的脖
子。她雙目輕閉，一頭金色長髮在空中飄揚。這個景象很難不讓
人聯想到第六章介紹的性學家馬斯特和瓊生。他們的研究得出
「女性在短時間內可以達到多重高潮，代表女性的性愉悅比男性
更強」的結論。他們曾經觸怒當時的醫學權威，以致被趕出研究
院。巧合的是，波德科溫斯基的這幅畫在華沙展出時，據說也曾
受到嚴厲的批判，氣得他在畫展結束前就剪爛了這幅畫，後來經
專人修復才得以流傳下來。

　　在20世紀開啟之後，終於有當代女性畫家慢慢展露頭角。她
們不用像男性凝視女體那樣去看待自己的身體，她們可以看進自
己身體的最深處，就像看到靈魂的最深處一般。喬治亞・歐姬芙
（Georgia O'Keeffe）是個充滿雌雄同體魅力的女畫家，她沒有一幅作
品是在畫人體，但每一幅作品都能讓人聯想到人體，而且是人體
中最隱密的部位。她以描繪巨幅花卉的特寫聞名。花，是植物的
生殖器，綻放後在風中交配，而後得以結果。植物的生殖器被人
類欣賞、讚美、呵護、互贈，但人類卻用自己的生殖器來罵人，
這不正是歐姬芙的畫中，最為諷刺且富有深意的對比嗎？由於版
權原因，本書無法展示歐姬芙的畫作，但有興趣的你可以掃描左
頁QRcode造訪以她名字命名的博物館網站瀏覽她具有震撼力的
巨幅花卉畫作。

　　以下附上一首我自己撰寫的小詩，表達我想像中植物對人類
的嘲諷。

我們是植物，

我們為自己的生殖器感到驕傲。

我們的生殖器是花，

人類讚美它、欣賞它、喜愛它，

將它贈予尊敬和愛慕的人。

但人類很奇怪，

她們不喜歡自己的生殖器，

她們為此感到羞恥，

她們嫌它髒、嫌它醜、嫌它臭，

不肯正眼看它。

可憐的人類啊，

但凡她們多愛自己的生殖器一些，

又怎會不像我們一樣自由綻放呢？

◈ 適當調教，每一個女人都可以很自戀

接下來，介紹兩個提高自戀能力的方法。

方法1 「浴後神經紊亂」：我是獨一無二的藝術品

這是網絡上對有些人自戀表現的戲稱，指沐浴之後，赤裸身體站在鏡子前面，陶醉地自我觀賞和稱讚，發自內心地喜愛自己身體的所有部位。

當然，這並不是真正的「病」。即使是，也是世界上對女性最有幫助的「病」。在性商工作坊中，我將這個方法當作一項練習，也是性治療中提高女性自戀能力的家庭作業。步驟如下：

Step1　洗完澡後，全身赤裸地站在鏡子面前看著自己。

Step2　雙手像撫摸世間的無價珍寶一般，將自己從頭到腳輕輕地撫摸一遍。

Step3　一邊撫摸自己一邊露出欣賞、迷戀的表情。

Step4　一邊撫摸一邊喃喃自語：「我真是獨一無二的藝術品啊！」、「看這皮膚的光澤，這緊實的手感，這優雅的線條，這迷人的輪廓。」、「我愛我的身體，這是宇宙間最獨特的存在，無論看起來怎樣，都是我此生最珍惜的寶藏。」

　　其中**Step4**的語句僅是示範，實際上，只要是符合「三段論」的形式，其餘都可以自由發揮。三段論的第一段是全心全意拍自己的馬屁，第二段是從具體到細節不遺餘力地誇自己，第三段是表達對自己無條件的愛意。東方文化強調謙虛美德，但你可以在不影響他人的情況下，沐浴後站在鏡子面前自誇、自愛、自戀。這個練習的時間建議盡可能地延長。一般來說，自戀5分鐘，開心大半天。總之，要把你從小到大沒有被父母、老師、伴侶誇讚的全部補回來。為什麼呢？因為你值得。

方法2 在音樂中享受情趣：體驗用玩具取悅陰蒂的快感

　　還記得嗎？第六章介紹過一種用來取悅陰蒂的情趣玩具，跳蛋。它不僅有助於不熟悉陰蒂的人充分學習了解，建立與身體的連結，同時也可以讓了解陰蒂的人節省指力，充分透澈地體驗愉悅。

　　此外，跳蛋不僅可以滿足女性「獨奏」的需要，如果邀請伴

侶，還能變成雙人「合奏」。這個「合奏」可以增加前戲的時間和玩法，也可以為伴侶節省手力和體力，還不會影響男友的存在感，彌補兩人之間的時間差，百利而無一害。

　　音樂的風格則建議嘗試迷幻電子與爵士樂。這類音樂很多，選擇的關鍵在於節奏，跟自己心跳節奏接近的最佳。這樣的節奏可以幫助你放鬆，又不至於放鬆到睡著。選好自己喜歡的音樂後，不妨創建歌單，以後無論「獨奏」或「合奏」的場合都可以播放。要知道，音樂是啟動副交感神經，讓性能量流動的必備用品。

　　至於如何選購情趣玩具，以下幾個注意事項供你綜合考量。

❶ 選擇外觀顏值最合你心意的。畢竟看著心情好，才有「性趣」探索功能。

❷ **請優先選購跳蛋**，畢竟每個女人的陰蒂都能高潮，而插入陰道的震動棒只能讓30%的女性獲得高潮。

❸ 網購的價格建議在台幣500～1500元之間。這個價格區間的情趣玩具，品質上有一定的保證。如果覺得不合心意，也不致太浪費。

❹ 使用玩具時，如果震得手都麻了還沒有愉悅感，就代表產品的馬達不太好，請換一款再試試。畢竟連唇膏都得多試幾支才能找到最適合自己的顏色，玩具也一樣。

❺ 玩具直接接觸皮膚的話，**請搭配植物成分弱酸性的水溶性潤滑液**，能為你的健康和愉悅感加分。之所以選用弱酸性的水溶性潤滑液，是因為跟你的陰道酸鹼度一致，才能保護黏膜健康。

❻ 無論是「獨奏」還是「合奏」，請切記，**玩具永遠是配角，**

自己和伴侶的感受和交流才是最重要的。玩具只是用來增進了解和取悅對方，永遠無法取代對方。

最後要強調的是，在讚美和取悅自己的身體方面，上述內容可能有些誇張，但有鑑於現代人類社會的局限，只有對你的身體略微誇張地讚美和取悅，才能補償人類集體潛意識中對女性的物化和貶損，才能對抗長期以來社會文化建構的不配得感，才能把大自然賦予女性的愉悅重新喚醒。所以，女人們，誇張地自戀起來吧！

脆弱的男人
更能征服女人

Q8 女人不是都喜歡優秀、強大又成功的男人嗎？

相信很多人，尤其是男性，看到「脆弱力」都會眉頭一皺，心想：什麼？我從小到大都被教導要成為強大的男人，你現在說要我表現「脆弱」，而且還是一種「力」？

是的，這正是現代人類心理的重大發現。

在人類幻想著征服大自然，與同類競爭資源的長期社會腳本中，「脆弱」往往跟「軟弱」、「無能」捆綁在一起，而「強大」則是跟「成就」和「能力」畫上等號。於是在社會生活中，但凡想要成功的人，都會要求自己和孩子必須要「強大」。「如果你考不上大學，如果你不夠『強大』，如果你不夠『優秀』，你就得去撿垃圾……」這樣的民間敘事幾乎無所不在，若是從小在這樣的氛圍中長大，誰會不想要成功呢？社會腳本已經成功將「成功」和「撿垃圾」塑造成非黑即白的單選題。所以在許多人，尤其是男性的潛意識中，隱隱存在這樣的想法：「如果不成功，就是失敗者。失敗者活著還有意義嗎？沒有！」

然而，回想我諮詢過的男性個案，他們基本上都不是「脆弱」的人，反而是從小到大自我要求嚴苛的人。他們面對問題習慣獨自強撐，要求自己完美、不可以犯錯，他們苛求清晰、拒絕

模糊，事事主導、拒絕失控。但這種**秉持完美主義和強大主義的人，往往更容易罹患焦慮、憂鬱、強迫症等情緒障礙**。因為他們為了追求完美和強大，心理失去了彈性。木強則折，就是這個道理。

◉ 你需要接受不確定與不完美的勇氣

事實上，在「性」方面，愈是「強大」和「完美」的人，愈不性感，愈容易失能。為什麼？因為**「脆弱」從另一個角度理解，就是接受不確定性、冒險和表露情感[3]，而激情的關鍵就在於不可預測、失控、混亂、挑戰和不完美的真實感**。有太多女性跟我分享，她們體驗過最難忘的性愛，不是男伴多麼粗壯和持久，而是他們被撫摸時發出的柔弱呻吟、害怕拒絕時的無意撒嬌、表達需求時的害羞表情、坦白失敗時的尷尬，還有，把自己完全交給她的勇氣……

還記得第四章提過的任女士嗎？男伴在她的手指輕撫下，身體起伏和呻吟，讓她突然領悟到自己在性事中也能採取主動。如果沒有這位男伴表露出陰柔的一面，任女士的陽剛能量也無法展現。還有另外一位女性個案，她說自己曾經一秒鐘就對初次約會的對象心動了，因為他喝飲料時，無意間從鼻腔發出哼吟。好吧，不只一秒鐘，根據她的描述，應該是長達三秒的哼吟，把她一下子喚醒了，竟然產生一股想要撲倒對方的衝動。

社會腳本塑造的成功與強大，與親密關係中的需求往往正好相反。休士頓大學（University of Houston）的社會學者布芮尼·布朗（Brené Brown）研究「脆弱」長達12年，作為一位擅長制定評量

表、測量一切現象的科學家，她一開始不能接受自己在質性研究[1]中獲得的資料——脆弱，竟然是生活幸福的人的共同特徵[2]。在與「脆弱」這個主題不斷拉鋸的過程中，她發現**在親密關係與愛中，最關鍵的要素是雙方的連結感**。連結能力高的人的關鍵特質是：接受不完美的勇氣和敢於展現真實自我的能力。而連結斷裂，導致親密伴侶「失聯」的破壞性情緒是：認為自己不值得的恐懼和羞恥。布朗博士最終被「脆弱」征服，她發現連結感強的人具有一個共同信念——**我可能會把事情搞砸，但我仍然值得被愛**。

女人也喜歡感覺「被需要」

懂得展現脆弱的人，不但配得感高，安全感也高。舉個簡單的例子，我們跟小動物玩耍時，只要牠們覺得安全和放鬆，就會翻身露出肚子任由我們撫摸。肚子是牠們最脆弱也最容易遭受攻擊的部位，所以絕對不會對不放心的對象露出肚子。一旦牠們對你露出肚子，你就會感覺到一股卸下心防的溫暖。無論這個小動物長得多其貌不揚，你都會感覺到與牠之間的連結，忍不住用手撫摸牠。所以，懂得表達和展現脆弱，是一種寶貴的能力，這就是「脆弱力」。**有脆弱力的人往往能讓伴侶感覺被需要、被信任且自我感覺良好**。同時，他自身的性能量流動也更加暢通無阻。

我遇過在「性」方面最具有脆弱力的男性，是體驗過前列腺高潮的直男或者男同。對男同而言，這可能是必備技能，因為他

---

1 質性研究（Qualitative Research）：透過訪談目標群眾來蒐集資料的一種社會科學研究方式。

2 TED演講：Brené Brown, 2011, *The Power of Vulnerability*。影片QRcode如附。

們插入的就是其中一方的後庭。而敢於嘗試前列腺按摩的直男，真的是勇氣可嘉，代表他們的脆弱力極高。因為一方面，他們的愉悅已經超越了「行與不行」的框架；另一方面，他們也超越了「從後庭進入即暗示他們具有『男同傾向』的恐懼」。他們願意讓女伴用玩具或手指進入後庭，就相當於把自己最脆弱的部位全權交給女方，將自己的男性優越感和主導權完全放下，就能建立絕佳的連結！更別說，如果方法到位，男方成功達到前列腺高潮，那種無休無止、不受勃起和射精影響的高潮，簡直就跟女性的多重高潮一樣！曾有一位男士跟我說：「我終於找到能幫我實現前列腺高潮的女伴。哇！我覺得這輩子再也離不開她了。」

是啊，找到一個能全面接受你的脆弱的人，是多麼的幸福！那麼反過來，能擁有脆弱力，不也是幸福的開始嗎？

練習在性愛中釋放你的脆弱力

以下給準備好釋放脆弱力的你一些建議。

首先，你需要培養幾個信念，最好讓這幾個信念變成你的口頭禪。早上看著鏡子裡的自己說三遍；晚上入睡前再對自己說三遍。

- ✓ 「我不完美，但我值得被愛。」
- ✓ 「我很強大，但真實的我更難能可貴。」
- ✓ 「事情可能會搞砸，但那不能定義我的價值。」
- ✓ 「我可以失控，這樣才能感覺到無懼的愛。」
- ✓ 「我可以表達情感，因為我是有血有肉的人。」

接著，請你勇敢練習一些在性愛中展現脆弱力的行為：

- ✓ 輕柔地呻吟
- ✓ 身體舒展和起伏
- ✓ 有特殊需求時柔軟地撒嬌
- ✓ 不知道就撒嬌地說不知道
- ✓ 不以性愛為目的的親吻和擁抱
- ✓ 聚焦身體的感受，而不是只求射精
- ✓ 把主導權交給他（她）
- ✓ 把身體交給他（她）

特別說明，**脆弱力既是提升性魅力的基礎意識，也是性愛的高階能力**。如果伴侶之間具備基礎的女性主動意識、兩性愉悅知識以及對性愛的默契和共識，就如同學會雙人舞的基礎舞步，這樣一來，你進我退、交錯、轉圈的創意和變化，就有了發揮的空間。

那麼，學會基礎舞步之前，能不能嘗試呢？當然可以！性商的基礎和高階能力是同步發展成長的。你儘管大膽嘗試，如果感覺良好，則繼續發揮；如果感覺不好，不妨跟伴侶充分地討論交流。若是遇到瓶頸，再尋求專業指導也完全沒問題。面對不確定性，接受失敗的可能，但仍然勇於嘗試並體驗探索的樂趣，這就是超越了脆弱與強大二元對立的力量。

體驗完美性愛，
你需要當下的力量

Q9 做愛總是「狀況外」，是對方技巧差？還是我的身體感覺有問題？

　　前面的章節提過，**焦慮的情緒是身體「沸騰」的一大殺手**，焦慮讓能量聚集在大腦，導致身體無法放鬆，副交感神經不能啟動，血液無法流向身體和生殖器。而自己的「狀況外」又會被大腦認知評判，讓自己更加焦慮，就像持續在水裡加冰塊一樣，陷入惡性循環。

　　女性和男性的生理身體都會受社會身體影響而降溫，但是造成雙方焦慮的想法卻不甚相同。以下參考西方的社會調查，結合我的諮詢經驗，列出在性愛過程中最容易引發男女焦慮的一些想法。

　　仔細看看下頁的表8-1和表8-2，試試看對號入座，數一數有幾個戳中你的心。如果經常干擾你的想法不在此列，請自行添加，寫入表格，這也是一種認知和外化情緒的方法，有益無害。

✦ 表8-1 容易干擾女性（引發焦慮）的想法

性愛過程中，最容易干擾女性的15個想法	符合「✓」	不符合「✗」
1. 我太胖了，他會不會嫌棄我？		
2. 我身上的那個地方，不能讓他摸到／看到。		
3. 不知道今天下面有沒有異味？		
4. 空調／窗簾／床單／燈光／門怪怪的。		
5. 避孕措施有沒有做好，萬一懷孕怎麼辦？		
6. 他洗乾淨了嗎？會不會又生病？		
7. 工作／家務還沒有完成。		
8. 孩子／家人／鄰居會不會聽見？		
9. 過往的糟糕體驗會不會再次發生？		
10. 最近我們之間有些不愉快／懷疑／衝突。		
11. 我應該發出聲音嗎？／我發出的聲音好聽嗎？		
12. 我的表情會不會很難看？		
13. 還是沒感覺，我是不是有問題？		
14. 他是不是真的愛我？		
15. 我們是不是真的合適？		
其他：		

✦ 表8-2 容易干擾男性（引發焦慮）的想法

性愛過程中，最容易干擾男性的12個想法	符合「✓」	不符合「✗」
1. 我這樣做對嗎？		
2. 我的尺寸還可以吧？		
3. 堅持，堅持，堅持，現在還不能射！		
4. 將伴侶幻想成別人是可以的嗎？		
5. 她到底爽不爽啊？		
6. 應不應該現在換姿勢？		
7. 今天的工作真不順。		
8. 為什麼跟A片演的不一樣？		
9. 千萬不要像上次一樣又……		
10. 我戳到她的G點了嗎？		
11. 不會意外懷孕吧？		
12. 再堅持一分鐘，就可以射了。		

其他：

　　對照男女兩性常見的干擾想法就會發現，除了一些相似的因素，比如懷孕和工作之外，女性更容易分心，也更在意「我不夠好」；而男性則更擔心「我行不行」。

　　如果你也遭遇上述干擾，女性請參考女性提升「自戀」的方法，而男性請勇敢實踐提升「脆弱力」的方法吧。

　　以下分享兩個非常有效的抗焦慮方法，其中一個毋庸置疑是「正念呼吸」，為了清楚說明這個技巧，得先了解「正念」。

◉ 「覺知當下」不只減壓，還能治療性功能障礙

　　無論是西方的心理治療或是東方的靈性修行，都在21世紀提出一個論點，就是專注在此時此刻的能力，亦即當下的力量。你可能在電影《功夫熊貓》（*Kung Fu Panda*）中聽過一句話：「昨天是過去，明天是個謎，只有今天是一個禮物，這就是為什麼人們把今天稱作當下[3]。」

　　《當下的力量》（*The Power of Now*）是艾克哈特‧托勒（Eckhart Tolle）於2004年出版的暢銷書，有30多種語言版本。有人認為這是一本靈性書籍，助人放下執念，從痛苦中解脫。也有人將之當成日常療癒書，用於減少存在性焦慮。有趣的是，「當下」這個概念出自禪宗，原本是東方智慧的結晶，卻囿於宗教概念和用詞晦澀，在中國未能廣泛實踐。殊不知，西方思想將之轉化後，這個概念得以脫離宗教，實際運用在生活的各個層面。不得不說，「當下」概念的流行，跟「正念」在西方普及密切相關。

3　原句是：Yesterday is history, Tomorrow is a mystery, but Today is a gift. That is why it is called the present. 英文的present可解釋為「禮物」，也可解釋為「當下、現在」。

　　心理治療中廣泛運用的「正念」（Mindfulness）療法，比《當下的力量》早問世30多年，是美國喬・卡巴金（Jon Kabat-Zinn）博士於1970年代從東方佛法的修行實踐中提取出來的概念，著有《正念療癒力》（*Full Catastrophe Living*）。有意思的是，「正念」其實翻譯為「覺知」更為準確，但或許是因為卡巴金博士試圖將之從佛教信仰剝離，只提取其中科學研究可實證的部分，運用於維護心理健康，所以才稱為「正念」。這項療法最初是應用在美國麻州大學醫學院（UMass Chan Medical School）開設的減壓門診，協助病人透過正念練習處理壓力、疼痛和疾病，稱為「正念減壓療法」（MBSR）。隨後演變成一套用於緩解壓力、遵循嚴格SOP的團體訓練課程。

　　西方醫學以「解決症狀」為主的治療邏輯，將壓力當成症狀治療，於是正念成為了治療處方。而就東方靈修的理念來說，修習正念（覺知）是為了讓人回到「當下」[4]。目的在於隨時隨地「覺知當下」這個佛法境界，而減壓只是副產品。因為壓力在「當下」根本不存在，只存在於對未來的擔憂。到底「正念」的目標是消除症狀，還是提升意識境界？目前在整合心理學界，東西方的發展已漸漸融合。正念要怎麼使用，用來做什麼，就看個人的意願和認知狀態了。

　　西方心理治療將正念的實踐和練習細分為減壓以及認知療法等不同用途。**正念結合認知療法也是目前國際上實證研究證明，治療性功能障礙最有效的方法**[5]。前面幾章提過的女性陰道痙攣個案，也是運用正念結合認知治療治癒的。但此種療法無法單純使用文字詳細且準確地引導，必須由專業指導人員面對面輔導。為避免誤導，本書不再多做介紹，但有一項練習，可以與大家分享。

你的「呼吸」對了嗎？

這項練習是正念的基石，自始至終貫穿在西方產品化的正念、東方的禪宗修練以及印度的瑜伽修行之中。無論是為了對抗焦慮，瞬間放鬆，提升副交感神經的活躍度；或是進入冥想狀態，產生 α 腦波，迅速修復身心；或是在前戲熱身，爾後與伴侶達到靈肉合一的同頻高潮，都不可缺少這項練習。它既是本能，又是技術；既是基礎，又是祕訣；既可控，又不可控；既可以有意識地進行，又可以無意識地進行。總而言之，說了這麼多它的神奇之處，不是為了賣關子，而是因為它一直被人類低估，卻又與人類的生命品質和高度息息相關，這項練習就是「呼吸」。

「呼吸」貫穿人類從生至死的所有活動，或許你以為它的功能只是為有機體提供氧氣，但它不僅調節神經功能，也負責轉化意識和無意識。部分整合心理學家甚至認為，呼吸連結了靈性與物質，也連結著不同的生命體。

還記得第一章和第七章提過的交感神經和副交感神經嗎？自律神經系統透過下視丘和脊髓控制人類最基本的生存和繁衍功能，比如心跳、血壓血糖、體液分泌、瞳孔變化、腸道蠕動、呼吸、內分泌、生殖器反應等。注意看，以上列出來的八項自律神經活動，哪一項是人類主觀意識可以控制的呢？沒錯，只有呼吸。呼吸是人類唯一一個既無法主觀控制，又可以部分控制的自律神經活動。脊椎動物共通的生存本能就是呼吸，但只有人類可以在一定程度上調節呼吸，即使是現代科學仍無法參透這個神祕現象。

歷史上最早關於運用呼吸來修練身心靈的紀錄是古印度的瑜伽修練法──調息（Pranayama）。這是一種藉由呼吸來提升生命能

量的修練方法，其奧祕保存在千百片棕櫚葉組成的手稿經文上，至今大概只解讀使用了千分之一的內容。其中一部分融入哈達瑜伽（Hatha Yoga）的實修；還有一部分隨著佛教傳播，融入藏傳佛教的修煉法門。要知道，瑜伽和藏傳佛教中的雙修，都是藉由男女交合來提升靈性境界，其方法不一，但都集結在靈性雙修——譚崔（Tantra）的方法論中，所以調息也是實踐雙修的必備功課之一。

4-7-8呼吸法 有助緩解焦慮

由於本書著重在實用的療癒和提升方法，以下要將目光從東方的神祕傳統轉回現代應用。現代有一位專注於自然療法的西方學者，再次把東方的智慧產品化。他將東方修煉法門中的呼吸練習精煉成一個簡單易行且廣為流傳的方法，已證實對減輕焦慮非常有效。那就是安德魯・威爾[4]博士的4-7-8呼吸法（4-7-8 Breathing Technique）。

這個呼吸練習非常簡單，不需要花太多時間，也不需要任何設備，且隨時隨地可以獨自進行。推薦給容易在性愛（或者其他日常活動）過程中，受煩思雜緒干擾，受焦慮情緒干擾，無法投入當下，進而與伴侶、他人或者環境失去連結感的人。步驟如下：

❶ 找一個舒適的地方坐下來，挺直背部。
❷ 將舌頭抵在上顎、牙齒後方，並保持不動。
❸ 用嘴巴吐氣，繞開舌頭，發出「呼」的聲音。

4　安德魯・威爾（Andrew Weil），1968年畢業於哈佛大學醫學院，創辦了亞利桑納大學的整合醫學安德魯・威爾中心（Andrew Weil Center for Integrative Medicine）。

❹ 閉上嘴脣，用鼻子吸氣4秒鐘。

❺ 屏住呼吸7秒鐘。

❻ 用嘴巴吐出一口長氣，發出「呼」的聲音，持續8秒鐘。

❼ 步驟❸～❻為一個循環，一共要做四個循環。

　　這個呼吸練習建議每天至少做兩次，起床後、工作空檔、晚飯後，都很適合。一旦習慣了以坐姿練習，而你也熟悉了4秒吸氣、7秒屏氣、8秒呼氣的節奏，就可以嘗試睡前躺在床上練習。通常只要短短幾天的時間，就可以明顯感覺到焦慮情緒緩解，注意力更集中，睡眠品質也有所提升。

進階版｜性愛當下呼吸法 與伴侶同步呼吸，一起高潮

　　等你無論用什麼姿勢都能專注呼吸之後，就可以在性愛過程中使用呼吸法了。**每當你無法投入、無法放鬆、無法勃起或者無法溼潤，就可以觀察自己的呼吸。**不需要遵守坐姿、鼻吸口呼或者4-7-8秒的時間規則，只需要關注呼吸的節奏，關注身體、皮膚的感受，就可以讓大腦安靜下來，將交感神經切換到副交感神經。

　　以下是進階版「性愛當下」呼吸練習的步驟。這個練習可以獨自進行，也可雙人共同進行。

❶ 和伴侶親密愛撫的過程中，覺察自己的呼吸。

❷ 不需要特別做什麼來控制呼吸，只需要觀察。

❸ 手部動作隨興而為，可以不動，也可以撫摸自己，也可以撫摸對方。

❹ 觀察四次呼吸後，聚焦在自己的身體感受。

❺隨著身體感受的變化，呼吸自然的隨之變化。

❻身體隨著呼吸上下自然起伏，將自己感受變化的訊號傳遞給伴侶。

❼觀察伴侶的呼吸節奏，跟他（她）的呼吸同步，一起吸氣、一起呼氣……

❽持續與伴侶呼吸同步，至少十次以上，直到身體明顯「升溫」。

　　「性愛當下」的呼吸練習，是與伴侶一起達到高潮的基礎。這個練習既可以在性愛過程中不露聲色地獨自練習，也可以跟伴侶交流後邀請對方一起體驗。本書將在第十章更進一步闡述雙人同頻高潮。

感官專注練習｜居家版 聚焦感官，認真感受每一次撫摸

　　上述的練習是結合「正念」和「呼吸」，也就是有覺知地呼吸，藉此啟動副交感神經，減少煩思雜緒，降低焦慮情緒，停止自己「加冰塊」的行為。而接下來要介紹的這個練習是結合「正念」和「撫摸」，也就是有覺知地撫摸，有助於你投入感官體驗，減少性功能焦慮和性生活的功利性，增加純粹的身體愉悅，以「生火燒水」的比喻來說，就相當於「火上加油」。

　　感官專注練習（Sensate Focus Practice）是一種性治療技術，由前文提過數次的性研究先驅馬斯特和瓊生於1970年創立。他們觀察數百對受試者的性愛過程後，發現性功能障礙和焦慮之間的關聯，於是運用觸摸練習，開發了感官專注練習。

　　在正式治療中，根據伴侶問題的診斷，療程可能持續幾個月。伴侶在性治療師的指導下學習基本動作要領，然後在家中進

行練習。有時單獨練習，有時相互配合練習。療程中包含一系列結構化的感官觸摸練習，伴侶將注意力集中在皮膚的溫度、頭髮和皮膚的質感，以及不同的緊實和輕盈感的按壓上。這種藉由關注當下的感官體驗來消除焦慮的方法與正念療法不謀而合（雖然感官專注練習創立時，正念療法還未引進西方醫學界）。50年來，許多性治療師正是使用此一療法，在治療性焦慮、性功能障礙以及提升愉悅體驗方面，獲得很好的療效。

　　感官專注練習的功效主要來自兩個核心要素：❶ 讓當事人專注於自己可以主觀控制的事物（比如觸感），而不是專注於無法主觀控制的事物（比如勃起或溼潤）；❷ 提供伴侶建立親密連結的機會。這兩個核心要素說穿了，就是要**伴侶雙方投入當下身體的五感中，把製造某種體感當成玩耍，對接收到的某種體感細細體味**，不評判動作的對錯，拋開對身材或能力的擔心，不急於插入或射精，而是充分享受這場同步的「雙人舞」。如此一來，就有極大的機率獲得絕妙的性愛體驗。所以，一旦你領會這兩個核心要素，就可以盡情「生火燒水、升溫沸騰」了。如果你覺得自己總是無法擺脫大腦中各式各樣、奇奇怪怪的想法，無法放鬆身心，在性愛中感到焦慮，除了練習正念呼吸，還可以按照以下的觸摸練習來自我升級。

　　感官專注的居家練習版分成三個部分：伴侶練習準備、觸摸者指南和接受者指南。你可以跟伴侶一起按照下列指示練習。

【伴侶練習準備】營造舒適無干擾的環境

　　❶ 伴侶雙方挪出60分鐘不受干擾的時間。

　　❷ 在舒適的沙發、地毯或床上進行。

　　❸ 室溫維持在22 ～ 26℃。

❹ 洗好澡，穿著內衣。

❺ 指甲修剪整齊。

❻ 接受者平躺或側躺，觸摸者坐在接受者身旁，確保身體舒適。

❼ 生殖器為非觸摸區域，而觸摸區域則由雙方商議決定。

❽ 觸摸者和接受者在完成一輪練習之後，必須交換角色，以確保兩人都得到完整體驗。

【觸摸者指南】細細描繪每一個線條

❶ 採取任何動作之前，先告知接受者你即將開始觸摸。

❷ 用食指和中指的指腹，觸摸與接受者商定的練習區域。

❸ 放輕觸摸力道，類似略過寒毛的力度，既不會拉扯表皮，也避免指甲刮擦。

❹ 先觸摸接受者的關節外側，就像在山巔踱步，感受皮膚的肌理、質感、溫度、軟硬度，同時描述給接受者聽，並傾聽對方的感受，持續5 ～ 10分鐘。

❺ 觸摸骨骼凸起的線條，就像在山峰上徒步，感受皮膚的肌理、質感、溫度、軟硬度，同時描述給接受者聽，並傾聽對方的感受，持續5 ～ 10分鐘。

❻ 觸摸肌肉凸起的區域，就像在草原漫步，感受皮膚的肌理、質感、溫度、軟硬度，同時描述給接受者聽，並傾聽對方的感受，持續5 ～ 10分鐘。

❼ 觸摸關節內側凹陷處，就像在沼澤徘徊，感受皮膚的肌理、質感、溫度、軟硬度，同時描述給接受者聽，並傾聽對方的感受，持續5 ～ 10分鐘。

❽ 連續觸摸上述❹ ～❼ 區域，關節、骨骼、肌肉凸起處、內側

凹陷處，將每一個身體地形串連起來，保持一致的力道任意連線，同時分享你的感受，並傾聽對方的感受，持續5～10分鐘。

❾ 如果在此過程中感受到性喚起也沒關係，感受它的存在，並試著將注意力轉回觸摸練習即可。

❿ 觸摸途中，接受者若感到不適，可以隨時喊停，並提出調整要求。

⓫ 結束觸摸後，分享整體感受，並感謝對方的信任和配合，接著結束練習，不要隨即性交。

【接受者指南】你有權力隨時喊停

❶ 同意觸摸者觸摸後，閉上眼睛。

❷ 緩慢深長地呼吸，把身體交給對方，全身心地專注於體感。

❸ 觸摸者觸摸你的關節外側時，感受對方指腹的軟硬度、溫度，以及與你皮膚摩擦的觸感，傾聽對方的描述，隨即分享你的感受。

❹ 觸摸者觸摸你骨骼凸起的線條時，感受對方指腹的軟硬度、溫度，以及與你皮膚摩擦的觸感，傾聽對方的描述，隨即分享你的感受。

❺ 觸摸者觸摸你肌肉凸起的區域時，感受對方指腹的軟硬度、溫度，以及與你皮膚摩擦的觸感，傾聽對方的描述，隨即分享你的感受。

❻ 觸摸者觸摸你關節內側的凹陷處時，感受對方指腹的軟硬度、溫度，以及與你皮膚摩擦的觸感，傾聽對方的描述，隨即分享你的感受。

❼ 觸摸者連續接觸上述區域時，感受對方指腹的軟硬度、溫

度，以及與你皮膚摩擦的觸感，傾聽對方的描述，隨即分享你的感受。

❽ 如果在此過程中感受到性喚起也沒關係，感受它的存在，並試著將注意力轉回觸摸練習即可。

❾ 整個過程中，如果有任何不適，你可以隨時喊停，向觸摸者提出具體的調整要求。

❿ 結束觸摸後，分享整體感受，並感謝對方的努力和關愛，接著結束練習，不要隨即性交。

　　一些伴侶剛開始練習感官聚焦時，會覺得有點尷尬，這是因為伴侶雙方對於性、對於愉悅沒有一致的理解，而且有過多負面認知和捆綁所導致。**如果你們感覺尷尬，千萬不要就此停止，而是討論交流這個尷尬的感覺，再鼓勵彼此繼續練習**。這個練習所強調的儀式感，可以帶領伴侶雙方懷抱信念進入相同的心理空間。隨著練習次數增加，你們就能體驗到身心連結的神奇感覺。等你熟悉了觸摸練習的技巧之後，再進一步融入正念呼吸的技巧，與伴侶達到呼吸同步的狀態，將能獲得更極致的心流體驗。

　　讀到這裡，你或許會心生疑惑，這章介紹「提升性魅力」的方法跟你想像的好像不一樣。是的，如今網路上充斥著各式各樣「提升性魅力」的線上課程，比如，如何用眼神撩妹，如何在床上發出叫聲，如何跳性感舞蹈，如何用水果練習口愛等。這些課程標題確實引人注目，就像是某種必勝武器。但這些技巧有用嗎？曾有兩位個案與我分享，一位說：「學完了那些技巧，我感覺自己像個『東西』，而不是人。」另一位說：「我用了新學的技巧，結果對方很生氣，說我不倫不類……」

　　難道那些技巧不能學、不能用嗎？不，那些技巧可以學、可

以用，不過只是錦上添花的招式，不是內功心法。缺少內功的招式，很容易顯得浮誇，就算偶爾讓人眼前一亮，之後也會陷入更多的空虛和猜疑。學習具體技巧之前，須先修練內功心法，這是所有高手的必經之路。而男女性魅力的內功心法何在？

　　✓　自戀，女性慾望的核心。

　　✓　脆弱力，男性最缺乏的性魅力。

　　✓　練習正念呼吸，投入當下，是伴侶共同沸騰的心法。

　　✓　藉由感官專注練習，為你的性愛「火上加油」。

聚焦你的性魅力 *Notes*

❋ 現代主流的心理諮詢和治療主要是幫助當事人覺察並外化潛意識的影響。

❋ 自戀不僅是女性慾望的源泉，也是魅力的源泉；不僅是性魅力，甚至是人格魅力的源泉。

❋ 懂得表達和展現脆弱，是一種寶貴的能力；擁有脆弱力的人，不僅配得感高，安全感高，自身的性能量流動也更加暢通無阻。

❋ 結合「正念」和「撫摸」的練習（也就是有覺知地撫摸），有助於你投入感官體驗，減少性功能焦慮和性生活的功利性，增加純粹的身體愉悅。

第九章

解鎖親密 *Step 2*

挑逗彼此的靈魂

性商，是藉由身體、情感和能量
與伴侶進行親密連結的能力。

每個人都可以成為
「靈魂玩家」

個案22 性商是天生的嗎？能不能透過後天學習提升？

馮先生：我透過線上課程認識性商，也做評測了解自己的性商等級，但我希望可以進一步提升，請問有什麼方法嗎？

心理師：性商包含三大能力模組：解鎖自己、解鎖知識、解鎖親密。只要循序漸進提升各方面的能力，任何人都可以成為最高等級的「靈魂玩家」。

　　38歲的馮先生結婚已近10年，身材中等偏矮，喜歡穿戶外運動服，臉上總是帶著討喜的微笑。他是網路產品經理，偶然聽到線上的性商基礎課程，並完成《國際性商測評》[1]之後，特地來尋求我的指導。他覺得性商課程拓寬了他對性的認知，希望進一步加強心法內功，學習更多先進的知識和技能。根據《國際性商測評》的結果顯示，他的性商高於75%的人，屬於「大浪若愚」的類型，特質描述如下：

1　讀者可掃描《國際性商測評》（專業版）QRcode後參與測評。

　　您是浪漫有愛、不流於俗套的人。首先，您是理想主義者，甚至有點精神潔癖，對於愛與性都抱持很高的理想。其次，您既愛自己，又尊重對方的感受，是個「精品」。如果您實戰經驗不足，那麼您一定悟性超強；如果您閱人無數，那麼您一定用情感和真誠「睡服」了許多人。但是，隨著年齡增長，對於親密關係的倦怠，您可能會感覺力不從心。性愛是全方位的生命體驗，總是依靠「真心」，也是會累的。其實您已經到了需要總結經驗、增進技巧的階段。尤其在長期的親密關係中，藉由技巧、環境、角色變換更能喚起激情，適當聽從人性對新鮮感的呼喚，才能有效實現靈肉合一。

　　在性商課程中，馮先生得知性商有具體的高低之分，且分為6種不同的性商類型，深受啟發。

6種性商類型的特質		
類型1	情趣小白	具備基礎性知識、悅己與悅他（她）技能都偏弱的人。
類型2	獨奏先鋒	注重悅己多於悅他（她），比起他人的需求，更了解和看重自己的需要。
類型3	悅他至上	注重悅他（她）多於悅己，優先滿足他人需求，而忽視自身需求的人。
類型4	紙上談性	看過許多色情作品，或者從書本獲得許多性知識，但缺乏實戰經驗的人。
類型5	大浪若愚	關於悅己悅他（她）的意識良好，重視滿足雙方的需求，但是缺乏知識和技能的人。
類型6	靈魂玩家	性商很高，既懂得悅己，又注重悅他（她），有足夠的創意和技能達到靈肉合一、獲得美好體驗的人。

　　根據測驗，馮先生的性商水準高於75%的人，跟他交談過後，我更覺得他是名副其實的「大浪若愚」。一方面，他的性認知和態度良好，沒有陷入前幾章提到的社會認知黑洞或誤解；另一方面，他的原生家庭美滿，父母給予他的支持和教育將他塑造成充滿自信與心理彈性[2]的人。此外，他談吐幽默，言語間自嘲自黑引人爆笑，這也代表他不苛求完美，展現出較好的脆弱力。而談到諮詢的目標，他表示希望能夠提升性商，成為更上一層樓的「靈魂玩家」。為了理解馮先生想要達到的「靈魂玩家」水準，以下先介紹「性商」這個概念。

◆學習用身心靈交流表達你的愛

　　性商是21世紀才出現的應用性心理學概念，普遍來說，是指性愛智慧（Sexual Intelligence）。在我的研究體系中，性商是藉由身體、情感和能量，與伴侶進行親密聯結的能力。說白一點，就是透過身心靈的交流表達愛的能力。用更簡練的文學語言來說，就是實現「靈肉合一」。

　　我認為**性商是每個成年人實現自我、完成身心靈整合、提升創造力、達到生命豐盈狀態的必備能力**。為了具體衡量並培養「性商」這種能力，我將之歸納為三大模組（圖9-1）。

❶ 解鎖自己：跟個體的性態度、性權利、性別意識、與身體的關係、自我配得感和脆弱力緊密相關，也就是「生火燒水」比喻中的「燃料儲備」。（即本書第2～4章）

2　心理彈性（Resilience/Psychological Resilience）：意指遭遇心理挫折、壓力或是創傷，能良好應對且復原的人。

圖9-1 性商的三大能力模組

❷ 解鎖知識：跟個體對於性傾向、兩性愉悅，以及性反應的生理特點等認知緊密相關，也就是「生火燒水」比喻中的「識別冰塊」。（即本書第5～7章）

❸ 解鎖親密：跟個體對於兩性差異的了解、同理心的運用、溝通技巧、實現同頻共悅的技能等緊密相關，也就是「生火燒水」比喻中的「火上加油」。（即本書第8～10章）

　　貫穿全書的「生火燒水」比喻跟性商體系其實並不完全對應，主要是因為本書旨在呈現更多性心理諮詢的內容，希望藉由真實個案反映更多人的痛苦和困惑，激發每個人反思自己跟「性」的關係，以及社會文化的影響。而**性商是本身不具備治療功能的應用概念，類似於「情商」，藉由認知、感受和行為體系，幫助個體有效提高能力**。所以，「性商」體系非常適合馮先生這樣有良好心理功能，且成長動力充足的個案。

　　經過商討後，我為馮先生量身訂製的提升計畫如下：

❶ 提升兩項「悅她」能力，包含性喚起模式，以及達到C→UGA

點不同的高潮。

❷ 提升兩項「悅己」能力，包含提升延遲射精的能力，以及達到男性前列腺高潮。

❸ 培養長期伴侶保持新鮮感的能力。

後文將詳細闡述馮先生在這五項能力上的成長過程。

你的情慾是
感受型還是創意型？

Q10 我想要取悅老婆大人，但總是不得要領，該怎麼
辦才好？

　　美國知名性治療師加雅（Jaiya）開發的「情慾藍圖」（Erotic Blueprints）模式非常完整地反映因人而異的性幻想模式，大幅拓寬了大眾對慾望喚起方式的想像。她發現人的性喚起偏好就像飲食偏好一樣豐富多樣，且隨著本能和遺傳而有所不同；同時也受早期生活經歷影響，不太容易變化，換句話說，就是相對穩定。

✦ 表9-1 情慾喚起的五種模式[3]

加雅情慾藍圖™	
肉慾型 Sexual	✔經典的男性喚起模式，靠視覺和觸摸即可喚起。透過性活動來釋放和放鬆，可快速從喚起達到高潮。 →這類型屬於明顯的目標導向，忽視過程，很容易受到「行與不行」的焦慮影響，在性活動中比較以自我為中心。

　加雅情慾藍圖網頁QRcode如附。

感受型 Sensual	✓女性偏多，常常思考過度，必須很放鬆才能做愛。易受氣味 ／視覺／聲音／觸覺／味覺的刺激或干擾，喜歡感官遊戲， 需要「浪漫」，透過按摩／泡澡來切換模式。 →這類型對自我評判嚴厲，容易有外貌焦慮。
能量型 Energetic	✓高度敏感，喜歡「被渴望」的感覺，容易被伴侶的熱情點 燃，喜歡驚喜和期待，容易受負面情緒影響而失去「性 趣」。 →這類型討厭純生殖器摩擦，喜歡情緒能量帶來的性張力，可 能會覺得純肉慾有點無聊和低俗。
創意型 Kinky	✓對「打破禁忌」的性活動有興趣，喜歡心理遊戲。往往性幻 想豐富，喜歡有創意的性遊戲。 →這類型或許會在羞恥和內疚感中產生性慾望，可能必須以某 種形式才能高潮。
全能型 Shapeshifter	✓透過上述任何一種模式皆能性喚起，用任何方式都可以輕鬆 快樂地玩耍。 →有些人天生屬於這種類型，也有些人是透過後天學習達到這 個階段。

◉ 即使類型不同，也能一起玩耍

　　馮先生邀請自己的太太一起做了情慾藍圖的測試後，才發現自己誤會大了，他原本認為自己的太太是性冷淡，其實只是他們的性喚起方式不同。他是肉慾型為主，看到太太的身體就能興奮；而太太是能量型為主，講究氛圍情調，甚至喜歡有些打破禁忌的創意玩法（創意型）。但是她從來沒有機會和勇氣開口要求。

　　這樣的差異在伴侶的親密關係中非常常見，就像飲食口味、生活作息或者擠牙膏的方式不同一般，**只需要互相了解和接納，就都不是問題**。但在「性」方面，這個差異的影響容易化成黑暗裡的一堵無形高牆，將想要靠近的兩人隔開，讓他們看不到牆的全貌，更找不到門窗，內心充滿無奈與挫敗感。這堵黑暗中的高

牆之所以存在，歸根結柢，是出於兩個原因：❶ 無知，很多人根本不知道自己的口味偏好。❷ 羞恥，有些人知道自己的偏好，但礙於羞恥感無法表達或與伴侶交流。

「情慾藍圖」為馮先生清楚描繪出高牆的形狀和縫隙，以及雙方可能的位置，製造出「穿牆而過」的機會。他不僅藉此跟太太開誠布公地針對性偏好溝通了一番，最寶貴的是，他終於了解太太羞恥感背後的慾望。之後他按照我的建議，準備了精油蠟燭、按摩油、眼罩和羽毛小皮鞭，計畫跟太太度過一個驚喜的週末夜。

後來，馮先生傳了一則表示感謝的訊息給我，字裡行間充滿喜悅和成就感。他頗有詩意地描繪道：「久旱逢甘霖，猶如森林深處祕境的美妙樂章。」由此可知，重新建立連結感是多麼美妙的感受！他還在後續的諮詢中透露，他太太坦誠自己也會偷偷使用情趣玩具。他感慨萬千，原來他們之前都是如此不了解對方，甚至不了解自己，而現在一起開啟了探索與連結的「性」福之旅，又是多麼幸運。

C→UGA，
女性沸騰的關鍵密碼

Q11 網路上常看到關於女性G點的討論，究竟是真的還是假的？

　　坊間的性技巧課程中，常常會提到陰蒂代表的C點和陰道內U點、G點、A點不同位置帶來的高潮感。各點的位置如圖9-2所示，C點即陰蒂頭；U點位於陰道入口處的正上方；G點位於陰道內上壁、距離入口3～4公分處有組織褶皺的位置；A點則位於陰道內靠近子宮頸口的上方。C→UGA點，聽起來像是某種暗號，而這些暗號又對應著密室按鈕，一壓下這幾個按鈕，整棟房

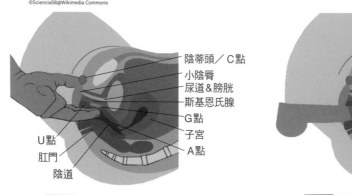

陰蒂頭／C點
小陰脣
尿道&膀胱
斯基恩氏腺
G點
子宮
U點
肛門
A點
陰道

圖9-2 手指對C點和G點的雙重刺激

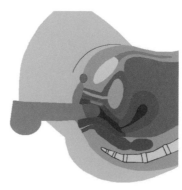

圖9-3 陰莖對G點的刺激

屋就會為之震顫。實際上是這樣嗎？答案是，也不是。這些點確實是女性的敏感區域，但能感受到的人有多少呢？有沒有生理依據？截至目前為止還是未解之謎。

但我必須強調一個重點，就我接觸過的實際案例來看，**女性身體若沒有得到性喚起，陰道內的 UGA 點都是沉睡的！**

因為陰道壁上沒有神經末梢[1]，相關醫療人員稱之為「啞巴器官」，就算劃傷流血也不會覺得痛。這是出於生物自我保護的機制，為了減輕女性陰道分娩的疼痛。既然如此，陰道又怎麼可能在外物進進出出的過程中感到愉悅呢？

◎ 無論 U 點還是 G 點都是陰蒂的延伸

還記得第六章解釋過的女性愉悅原理嗎？女性的愉悅器官其實是布滿神經末梢的陰蒂。這也是為什麼我要用 C→UGA 這樣的符號來表示。換句話說，陰蒂沒有喚起的話，陰道內的各個點對愉悅的敏感度皆很低。而非敏感部位受到刺激反而會產生不適感，以致女性產生困惑甚至反感。

只要喚起女性陰蒂或者全身其他敏感區域，陰道內的愉悅感就得以啟動。陰蒂的兩隻腳長約 10 公分，圍繞在陰道口。一旦陰蒂被喚起，就會像陰莖一樣勃起、脹大，陰蒂整體以及陰道壁充血。而充血的陰道壁透過按壓能感受到愉悅，不過這個**愉悅實際上是來自陰蒂的神經末梢**。充血的同時，陰道壁的黏膜組織會分泌黏液，具有潤滑作用，避免外物進入摩擦的過程中傷害到陰道壁。

上述的 U 點和 G 點就埋藏在陰蒂腳和海綿體的位置，所以能產生愉悅感，這是性科學家目前能找到的生理依據。換句話說，

女性身體性喚起之後，陰道的前半段比較容易產生愉悅感。還記得嗎？有30%的女性能達到陰道高潮。但如果女性身體沒有被喚起，男性插入陰道後，哪怕直戳U點和G點，也只會帶來不適，而非愉悅！

◎ 子宮頸高潮真的存在嗎？

至於陰道後端靠近子宮頸口的愉悅按鈕，A點，就更神祕了。曾有女性描述，A點高潮「難以形容，非常震撼，就像電流流竄全身和大腦，感覺整個人都要爆炸了」。美國性科學家巴里‧科米薩魯克跟他的研究團隊推斷，所謂的A點高潮，可能是子宮頸與骨盆神經、下腹部神經和迷走神經系統相連所導致的效應[2]。但能否感覺到A點，跟每個女性的生理和心理身體的狀態直接相關。我要再次強調，負面認知愈少，身體愈容易放鬆，愈容易產生神經連結。而**愈容易讓能量流動的女性，愈可能感受到多種高潮。**

女性身體還有個神奇之處，那就是一旦性喚起，CUGA點，還有乳頭等其他敏感區域，可以同時發揮作用。相當於多點受熱，身體會更快速、強烈地「沸騰」。如果同時取悅這些點並達到高潮，感覺就像在一座宮殿周圍多點施放煙火，同時點燃後在空中一齊綻放，照耀著宮殿和夜空，令人驚豔；性學家稱之為「混合高潮」。

◎ 潮吹是可以後天學習的

馮先生了解C→UGA的原理後，跟太太嘗試尋找她身體內部

的U點、G點和A點。但因為太太是「情慾藍圖」中的能量型，對情感和氛圍的敏感度更高，對生理位置的細微差別無感。所以他們試過幾次之後，決定暫時放下提升技巧。他們認為，只要彼此的連結感高，太太的高潮機率增加，且雙方更常主動親密接觸和溝通，就很開心和滿意了。然而，就在他們無意追求技巧，持續聚焦當下的身心愉悅時，太太竟然第一次有了潮吹的體驗，讓他們驚喜不已。

潮吹的原理在第六章介紹過，是陰蒂得到充分愉悅的刺激後，從尿道口射液的現象。潮吹的液體是尿液和斯基恩氏腺（類似前列腺）分泌物的混合液體，約10～40%的女性曾體驗過潮吹，是一種可以後天學習的能力。然而，每個體驗過潮吹射液的女性狀況不盡相同，有的如泉水般湧出，有的像水槍般遠射；有的量約一湯匙，有的量達小半杯水。也有相當比例的女性表示，曾在快高潮時感覺尿急，為了避免尷尬就憋回去了。另有專業玩家分享，表示已經完全掌握潮吹的技巧，有的是跟伴侶一起，有的是使用情趣玩具。她們建議每次「玩耍」之前，在床上鋪好毛巾或者墊子，這樣就不用擔心弄溼床單，更無後顧之憂。

如今馮先生的悅她能力大幅提升，更能喚起太太的慾望，太太也變得更主動，兩人的和諧度與日俱增。於是他開始關注自身延遲射精的能力和多樣的高潮體驗。根據諮詢建議，他請健身教練為他加強骨盆底肌的訓練，希望能實現自己長久以來對時長的追求。

決定男性持久、
女性鬆緊的「愉悅肌」

Q12 雖說時長不是決勝點，但我還是想要久一點，是否有辦法鍛鍊？

關於男性的時長，在第七章中已舉例闡述過社會文化對於男性「行與不行」的框架如何塑造男性的社會、心理和生理三個身體，以及對男性自尊的影響。如果男性個案把時長與自尊綁定，那他很可能認為時長太短就沒有自尊。在這種情況下，性治療師的首要任務不是鼓勵當事人增加時長，而是優先（或者同時）幫助當事人增加自尊的來源。否則，即使增加了時長，也得不到理想的結果。

換句話說，如果男性當事人缺乏製造愉悅的知識和正面的性態度，一心只想練就「金槍不倒」的技巧，以為這是唯一可以獲得伴侶尊重和欣賞的方法，那麼心理師就必須先為他調整認知偏差，藉由心理諮詢幫助他培養自尊和自信，然後再提升延遲射精的能力。事實上，在我的諮詢生涯中，遇過不少男性個案在拓寬對性與自我的理解後，便不再執著於時長問題。

假設個案在諮詢後，能解開社會腳本對於時長和自尊的捆綁，從事業、生活或精神等其他面向提高自尊，而後為了增進自身和伴侶共同的福祉，依然想要提升延遲射精的能力，且以不損

害健康為前提，心理師當然會責無旁貸地提供協助。就像馮先生，他在社會和心理身體都獲得改善後，重新聚焦在生理身體上，目的是為了追求伴侶雙方的共同愉悅。就像是藉由運動獲得健康、減壓與美感一樣，為了自身成長而努力追求，是非常值得支持與鼓勵的。

接下來要介紹，在馮先生的性商提升計畫中，如何藉由生理訓練來實現延遲射精的目標。而為了達成這一目標，身體上的一組肌肉非常關鍵，那就是——骨盆底肌。

◎ 骨盆底肌比你以為的更重要

骨盆底肌，顧名思義，是位於骨盆底部的一組肌肉。如下頁圖9-4所示，其形態很像一個吊床，前後連接在恥骨和尾椎骨上，是兩性共有的肌肉組織。女性的骨盆底肌涵蓋尿道、陰道和直腸三個管道，男性則涵蓋尿道、直腸兩個管道。其主要功能有二：❶ 托起人體內臟，包括膀胱、腸子、子宮（女性），在女性孕期甚至要負責承托胎兒；❷ 收縮擴張，以控制排尿和排便，以及女性陰道周圍的收縮和男性射精。

骨盆底肌對於兩性的生殖健康非常重要，其彈性和力度基本上決定了**個體的生育和排泄功能，以及享受高品質性生活的能力**。所以西方性學界又將骨盆底肌稱為「愛肌」或「愉悅肌」。如果骨盆底肌受損，比如女性懷胎40週左右，骨盆底肌承受的壓力達到最上限，導致許多孕婦在分娩前後，陷入即使打個噴嚏或上樓梯都會略微漏尿的窘境，以及產後3～4個月內陰道鬆弛無力。如果骨盆底肌衰老，會造成排泄控制力下降，老年漏尿，或者女性子宮下垂；如果骨盆底肌缺乏彈性、過於緊張，容易導致

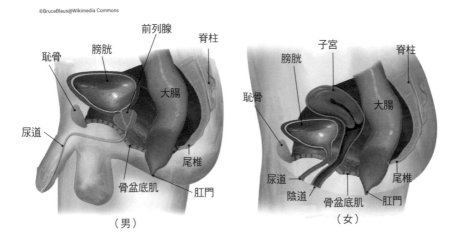

©BruceBlaus@Wikimedia Commons

圖9-4 兩性骨盆底肌結構（左圖為男性，右圖為女性）

排便不順，女性陰道痙攣；如果骨盆底肌無力，則容易導致排泄控制力弱，在男性身上則表現為射精過快。

◆鍛鍊骨盆底肌一點也不難

　　從中醫的角度來看，骨盆底肌的狀態反映出人體陽氣是否充足。陽氣具足的話，人就顯得青春有活力，精神氣血旺盛，相應的，骨盆底肌也緊致、有彈性。然而一旦陽氣流失，人就會呈現老態，精神氣血低迷，相應的，骨盆底肌也變得鬆弛、失去彈性。所以，中醫提倡「提肛」練習，就如同西方宣導的骨盆底肌訓練，兩者的目的和形式類似，不過是說法不同。

　　西方的骨盆底肌訓練又稱為「凱格爾」運動（Kegel Exercises），是美國婦產科醫生凱格爾（Arnold Kegel）所開發。除了訓練運動

外，凱格爾醫生也發明了一個測量骨盆底肌自主控制力的儀器（Kegel Perineometer）。他的初衷是幫助孕婦維持骨盆底肌健康和產後恢復，後來則廣泛運用在兩性的性健康保健上。不僅能改善女性產前產後的狀態，還能幫助男性控制延遲射精。

骨盆底肌訓練，主要有兩種：

體內置物練習 專為成年女性設計的收縮訓練

有一種直徑1.8 ～ 2.5公分的球狀練習器，稱為凱格爾球，或稱縮陰球，可供成年女性放入陰道內，進行定位練習。因為骨盆底肌在體內，一般人無法利用視覺觀測，也無法靠體感得知其位置，難以進行定點訓練。凱格爾球依據年輕、健康陰道的直徑而設計，有一定重量，且具有可移動的內核。放入陰道後，伴隨人體活動，可以感受到其位置。

建議每天進行15 ～ 20分鐘的收縮練習，步驟很簡單：收縮3秒，放鬆3秒，如此循環往復。

為了配合不同的陰道鬆緊度，凱格爾球有各種尺寸可供選擇。建議盡量選擇小、但不會掉出體外的尺寸。如果沒有縮陰球，也可以趁小便時鍛鍊放流和截流的動作，就是在收縮骨盆底肌。收縮練習持續1 ～ 2個月，熟知骨盆底肌的位置後，就不再需要藉助縮陰球，而是隨時隨地，無論是等電梯、看片追劇或是做家事，都可以進行收縮訓練。有些女性藉由練習逐漸改善骨盆底肌的彈性後，甚至會在收縮的過程中感到愉悅，因為收縮骨盆底肌的同時，也會刺激陰蒂神經。

運動健身法 所有成年人都適用

有三種健身動作可以加強骨盆底肌，分別是臀橋（橋式）、深

蹲、平板支撐（棒式）。**請務必先找合格的健身教練，學會正確的發力與姿勢後，再開始練習**。每天練習30分鐘，可配合其他無氧或有氧運動，加強心肺功能，持續幾個月後，男性就能看到對延遲射精的效果。

另外，在東方的傳統文化中，道家《房中術》中以及太極、氣功的修煉中，都會提到陽氣提升和運用的方法。但這目前超出了我的研究實證範圍，恕無法在本書開展介紹。如果你有興趣，一定要找專業的老師進行修煉。因為這是無法自學成才的高級法門，練習無效或是傷身都有可能。

馮先生做了三個月的骨盆底肌訓練後，平靜地跟我彙報成果：「現在的時長是10～15分鐘（原本是5分鐘以內）。」我問他：「時間增加那麼多，你怎麼好像沒有預期中的興奮？」他說：「我以前對時長過於執著了。現在才發現，如果她在前戲就達到高潮的話，插入超過10分鐘並沒有加分，她會喊累……不過，體能訓練讓我的精神變好，感覺整體狀態都提升了，時長反而像是額外的贈品。」他想了想，又問：「我現在可以解鎖前列腺高潮的玩法了嗎？」

一生至少要嘗試一次的
前列腺高潮

Q13 我是直男，但也想嘗試前列腺高潮，該怎麼做？

男性的前列腺（Prostate，又稱攝護腺）是一個核桃大小的肌腺器官，圍繞在膀胱和尿道的頸部（圖9-5），被一層層的筋膜（結締組織）包圍。

前列腺具備生殖功能（男性射精）和愉悅功能（性高潮）。科學界針對前列腺的生殖功能進行了許多研究，但對於其愉悅功能的描述卻很少。就連馬斯特和瓊生，以及巴里・科米薩魯克等人的

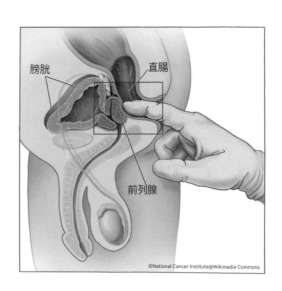

膀胱　　　　　　　　直腸

前列腺

圖9-5 前列腺位置示意圖

©National Cancer Institute@Wikimedia Commons

研究成果中，都對此現象一筆帶過。現今坊間可見的大部分相關資訊皆來自見聞逸事以及網路媒體的分享討論。這個主題鮮少有人研究，當然跟社會主流價值觀有關，健康和生殖是第一優先的研究主題，與這兩項無關的，單純用於體驗愉悅狂喜的生理現象，比如女性的潮吹、男性的前列腺高潮，所能得到的官方研究經費十分有限，幾乎在各個國家都是如此，大眾的認知也因此受到局限。

◈ 什麼是前列腺高潮？

不過，英國有一位獨立研究學者勒溫（R. J. Levin），針對男性前列腺高潮進行了多年的研究，發現受試者藉由儀器的幫助，學習提高對於體內刺激的感受度，在兩個月內達到多次多重高潮以及全身高潮[3]。儀器經由直腸壁刺激受試者的前列腺，產生異常愉悅、甚至欣喜若狂的感覺，明顯超過刺激陰莖帶來的愉悅感。受試者在高潮時，未必會射精，只有少量前列腺液體流出。這一現象跟眾多網路媒體描述的見聞逸事完全符合。前列腺高潮在男同性戀族群中可謂眾所周知；而在異性戀男性的性生活中，雖然不乏供人好奇嘗試的娛樂活動，但這種行為仍然遭到汙化。

研究者勒溫認為，學習前列腺高潮，跟個體的身體意識直接相關。也就是說，生理身體的感受能力會隨著心理身體的豐富度而提升。現今的腦神經科學家普遍認為，人類大腦會根據輸入經驗的多樣性不斷改變其功能和結構特性。具體來說，就是透過突觸重組和神經元之間的興奮／抑制平衡來調整，腦科學文獻稱之為「神經可塑性」（Neuroplasticity），相當於將大腦的網路系統重新整合架設。

這個論點同樣也可以解釋女性潮吹能力的開發和學習原理。兩性都還有許多愉悅潛力尚未開發，只要解鎖了認知，就有千萬條大道通往身體「沸騰」。

◈ 與伴侶誠實溝通，或是找到志同道合的伴侶

馮先生大致了解前列腺高潮的原理和位置後，第一次在諮詢中明顯表現出猶豫。一方面，他覺得這項探索技巧的難度較大，手指需要進入直腸，並在內部一番探索尋找，才能鎖定前列腺的位置。他擔心太太無法接受。另一方面，他也懷疑探索是否能獲得回報，因為挑戰難度似乎比愉悅感更大，嘗試的動力便減少許多。我建議他開誠布公地跟太太交流溝通，包括他的興趣以及猶豫，聽聽她的感受，共同做出決定。兩週以後，馮先生再度來到我的諮詢室，表示他們決定暫時先不嘗試這項活動。

他們的擔心非常合情合理，雖然探索前列腺跟手指進入陰道，在陰道上壁探索 UGA 點的物理特性相同，但心理意義卻南轅北轍，帶給人的衝擊非常大。所以，有時候是男方很想嘗試，但女方不敢；有時候是女方想嘗試，但男方不敢。而不敢嘗試的一方通常會有很多理由拒絕，最常見的是「怕髒」，但即使提出「灌腸清洗或戴乳膠手套」的解決方案，還是可能遭到拒絕，理由是「怕傷到對方」，因為直腸脆弱；要是再進一步建議把指甲修理平整，對方可能還是會說不敢，因為「口味太重」，不適合他們。說到底，追求愉悅到哪種程度，端看當事人的心理感受，感覺符合自己的，又是伴侶喜歡的，就容易實現。缺少了任何一項，都不可能實現，也許也沒有必要實現。

這就像是極限運動，玩家必須具備三種特質：慾望、膽量、

技能，缺一不可，否則就無法享受極致的愉悅，反而要承擔不必要的麻煩和危險。不過，藉由了解遊戲規則、風險和難度，體會並了解自己默認的邊界和身分框架，以及願不願意突破框架，樹立自己的新邊界，同時也認識和尊重伴侶的邊界和需求，平衡與自己需求的衝突，這個過程本身就是塑造自我、塑造親密關係的必經之路，也是性與愛的成長路上最有價值的課程。

　　下一章將介紹馮先生規畫提升性商的第五項能力：長期伴侶保持新鮮感所需的變化與創意。

挑逗彼此的靈魂 *Notes*

❋ 性商本身不具備治療功能，而是類似於「情商」，藉由認知、感受和行為，幫助個體有效提高能力。

❋ 每個人性喚起的偏好都不同，就像飲食偏好一樣，豐富多樣。

❋ 陰蒂沒有喚起的話，陰道內的UGA點對愉悅的敏感度皆很低，受到刺激反而會產生不適感。

❋ 盆底肌又稱愉悅肌，其彈性和力度基本上決定了個體的生育和排泄功能，以及享受高品質性生活的能力。

❋ 前列腺高潮在男同性戀族群中可謂眾所周知；但在異性戀男性的性生活中卻遭到汙化。

第十章

解鎖親密 *Step3*

共同沸騰

—— 從同步呼吸到同頻高潮

吸氣……靠近，呼氣……遠離，
吸氣……靠近，呼氣……遠離。

啟動性愛「心流」

◈ **感覺被更大的力量震懾，束縛消失不存在了……**

　　還記得【個案2】的可可嗎？第一章、第五章都曾提到可可，她因為陰道痙攣的恐懼和疼痛，無法跟丈夫進行插入式性愛。30歲那年，她因為傳宗接代的壓力而去做了人工受孕，生下一個孩子；35歲那年，她來尋求諮詢，我們透過整合性治療解構了她深藏在三個身體（生理、心理、社會）裡的恐懼。從此以後，她學會管理疼痛，獲得嚮往已久的愉悅與高潮。時至今日，她仍不斷在性中體驗到身與心的融合，得到多次超凡的感受。就如下方她寫的這首詩，她已超越了生理的高潮，上升到另一層境界。

　　快要到高潮的時候是一種擊中命門的感覺，
　　迎面朝著兩扇緊閉的大門以極快的速度不由自主一頭撞上去，
　　害怕、恐懼和不知所措被迅速地拋諸腦後，
　　就像脫韁的瘋馬，衝破意識的控制，
　　放肆、張揚，
　　快要碰到門板的一瞬間，
　　大門被粉碎擊潰，
　　一切化為烏有，

一剎那，

抑制羞愧和自我壓制無影無蹤，

彷彿撞入了一個未知的領域，

束縛消失不存在了。

如同溺水的人最後放棄垂死的掙扎，

被河水吸納融為一體，

那一刻，

一直以來的刻意努力顯得微不足道，

虛偽的拒絕、否認、矜持顯得不值一提，

被更大的力量震懾住，

難以阻擋的，

跌入無底深淵，

歸於沉寂。

　　什麼是「被更大的力量震懾住」？「更大的力量」似乎很神祕，不僅讓「害怕恐懼」被拋諸腦後，「羞恥和束縛」不復存在，「虛偽與矜持」不值一提；還可以「放肆、張揚」，甚至「放棄垂死的掙扎」、「被河水吸納融為一體」。專注、忘我、自由、超越……這些特徵都很接近心理學現象中的「心流」，以及在心流中自我感消失的狀態。

　　「心流」（Flow）這個概念也是源自東方佛學，後被西方心理學界證實並廣泛應用。正向心理學家米哈里·契克森米哈伊（Mihaly Csikszentmihalyi）曾研究藝術家投入創作的忘我狀態，並證實了心流的存在且重新命名[1]。後來許多研究的受試者表示，陷入忘我的狀態就像是被水流托起，隨意流淌。

　　進入心流狀態會出現幾個特徵：

❶ 完全沉醉在當下這一刻，無比專注。

❷ 自我感消失，生存的基本情緒，比如快樂、憤怒、傷心、害怕也隨之消失。

❸ 意識與行動融合，比如畫家的意識與繪畫動作融合、演奏者的意識與樂器彈奏動作融合、運動員的意識與技巧動作融合，就像是武俠小說中描述的「人劍合一」。

❹ 現實的時間感消失，完全沉浸在自己的世界中。體驗過心流狀態的人，會產生一種「融合於更大的力量之中」的感受，而融入這種力量，往往讓人品嘗到平靜與狂喜同時存在的神祕感受。

◈ 心流有科學根據嗎？抑或是美好的想像

　　高潮跟心流有什麼關係？這些非凡的體驗有科學依據嗎？或者純粹只是偶然的神祕現象？對人類的精神領域知之甚少的現代科學界，在腦電波研究中找到了些許證據，其中最引人注目的是 α 腦電波。

　　根據振動頻率的快慢，腦電波主要分為四種（圖10-1）：

❶ β 波（Beta）是較快的腦電波，振幅很低，頻率在 $15 \sim 40$ 赫茲。人在日常活動中，比如交談、學習或辯論，大腦會充滿 β 波。

❷ α 波（Alpha）比 β 波慢，但振幅較高，頻率在 $8 \sim 14$ 赫茲。人在身體放鬆、注意力集中、半夢半醒、直覺啟動、靈感迸發、做白日夢時，大腦通常處於 α 波的狀態。

❸ θ 波（Theta）更慢，頻率在 $4 \sim 7$ 赫茲。人進入催眠狀態或深度冥想時，大腦會產生 θ 波，特徵是任何活動都是即興自

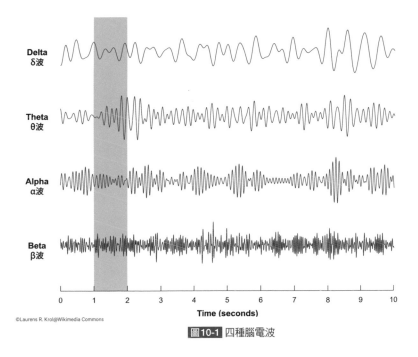

圖10-1 四種腦電波

動,完全不需要動腦。比如快速動眼期睡眠(REM,做夢通常是在這個階段),大腦中即有 θ 波。

❹ δ 波(Delta)是所有腦電波中最慢的,頻率只有0.1 ～ 3赫茲。人處在深度無夢睡眠的無意識階段,或是入定的修行者,大腦中即有 δ 波。

腦神經學家發現, α 腦電波堪稱是人類身心健康的靈丹妙藥,包治百病。其功能包括止痛、療癒傷口、幫助放鬆、減緩焦慮、迅速恢復能量,而且還能激發創意。研究者還發現,人在四種活動中大腦最容易產生 α 波,分別是藝術創作、競技運動、冥想打坐和性愛。 α 腦電波之所以有這麼神奇的作用,據說是因為

它跟宇宙中的療癒、創意能量的頻率相同。所以只要身心頻率能與之相同，就等於是利用宇宙能量為自己充電，身心皆可迅速修復。

這個說法雖然缺乏科學實證，卻讓人不禁恍然大悟。想想在心流狀態下的創作者，作家文思泉湧，寫出自己都無法想像的經典佳作；畫家靈感乍現，畫出幻妙的景象；音樂家隨興創作，譜出流芳百世的旋律；運動員爆發驚天能力，打破人體極限；冥想者看到宇宙演變，窺探生死之間的奧祕……這些瞬間突破感官局限、突破體能局限、突破意識局限的現象，人們往往用「如有神助」來形容。是啊，如果不是藉助宇宙能量，還能是什麼呢？假設這個關聯性成立，那麼更有意思的是：人在性愛中，也能連接宇宙能量嗎？

從科學的觀點來看，上述一切都只是猜測，但是從哲學和宗教的觀點來看，東方文明在過去兩千多年來，一直有少數修行之人祕密地傳承與實踐。《西藏慾經》[2]中寫道：

印度性力派特別重視性能量和性信仰意識，認為性是最大的創造性能源。透過性愛，可以使人類靈魂和肉體中的創造性能源激揚起來，與宇宙靈魂的大能合流，達到一種最高的精神境界……男女在極樂中融為一體，體驗個人靈魂與宇宙靈魂合一的情景。在我們所見到的歡喜佛圖像中，明王與明妃合抱交歡，明妃摟抱著明王的頭，並以一足纏繞其腰，這正是密教所謂「大樂」之形式。

藏傳密宗繼承和發展了印度性力派的思想和學說……在佛教密宗中，以彼岸的超驗智慧「般若」（智慧）來代表女性的創造活力，而以另一種修練方式「方便」（慈悲）來代表男性的創造活力，分別以女性性生殖器的變形——蓮花、男性生殖器的變形——金剛杵為象徵，

圖10-2　勝樂金剛與金剛亥母，1575–1600，71.1 x 61公分，大都會博物館收藏

透過想像的陰陽交合和真實的男女交歡的瑜伽方式，親證「般若」與
「方便」融為一體（即「悲智合一」）的極樂涅槃境界。這就是「歡喜
佛[1]」（圖10-2）的宗教寓意。

1　歡喜佛，又稱喜金剛、歡喜金剛、勝樂金剛，是佛教無上密乘的一位本尊。雙
　　身佛像是描繪金剛與明妃交合的情景，唯有藏傳佛教寺廟所供奉。明妃既是金
　　剛的妻子，也是女神，也被稱為金剛亥母。

◈ 古人「採陰補陽」並非只是迷信而已？

　　佛教進入中原之前，中國歷史上關於性文化的記載最早可以追溯至春秋戰國時期。那時，社會上對於性秉持著開放、中立的態度，可以公開談論。從民間到宮廷都不乏對於性養生、性技巧等主題的研究和探討[3]。到了漢代，大眾將男女性事看作私事，不鼓勵公開討論，但也不貶低汙化。到了唐朝，性風俗的開放與豐富到達巔峰，性學研究也百花齊放。直到宋代，程朱理學盛行之後，才開啟了中國對「性」多達七百多年的封閉與禁錮。

　　《素女經》於戰國時代問世，算是中原文化中對於性文化和性技巧最具開創性的著作[4]。其中宣導男女交合符合天地陰陽兩種力量的和諧交互，且提出一整套關於如何透過與自然和諧的性活動，達到養生、長壽的方法論，可以說是中國歷史文化中「房中術」（意指性生活中需要遵循的技巧）的鼻祖。那素女是誰？傳說中素女和玄女，是上天派來輔佐黃帝的兩位女神。而黃帝，是中原各族的共同祖先。素乃白色，玄乃黑色，素和玄兩色組成的動態圖形，就是陰陽太極圖。

　　中國古代的性文化可謂是深埋於地下的寶藏，愈深入探究愈發現其中的奧妙與深邃。即使是透過一塊淺層的寶石，也能窺見浩瀚星河的閃亮。本書實在沒有空間和能力闡述更多，僅能淺顯地看看淺層寶石——《素女經》中宣揚的「交接至理」。其中一個至理，是活了八百歲的彭祖告訴素女的，他說，長生不老的法則是「強精固體」，意思是男性要「多交不洩」，換句話說，就是要頻繁地與女性交合，但是減少射精次數，這樣「方能身體輕快，百病不生」。另外一個至理就是「忍精與快感」。「黃帝曰：何以知女之快也？素女曰：有五徵、五欲，又有十動，以觀

其變，而知其故。」翻成白話就是，黃帝問：「怎麼知道女子有無快感呢？」素女答：「有五種表現特徵，五種慾望的強度，還有十種動作。只要觀察她們的變化，就知道她們的快感強度了。」素女告訴黃帝這些女性快感的特徵，一方面是因為古代性學認為讓女性高潮是男子的重要任務；另一方面是他們認為女性在高潮時釋放的「陰精」是陰陽和諧的珍寶。如果男性可以忍住不射精，讓女性不斷得到高潮，就能實現房中術中最重要的陰陽互補。

這到底是過時的迷信還是古代智慧呢？或許西方的科學研究可以提供一些證據。

美國的性科學家普羅斯（Nicole Prause）使用腦電波儀（Electroencephalography）來研究人類性反應週期中腦電波的變化規律[5]。她認為 α 波是人體的交感神經和副交感神經的切換開關。也就是說，只要切換到副交感神經，大腦就處於 α 波狀態。但也可能反過來，大腦產生 α 波後，副交感神經才會啟動。這兩者之間的因果關係還未獲得科學解答，但卻可以在腦電圖（Electroencephalogram）中看到兩者的直接關聯。而且她還特別強調，α 波和副交感神經的活躍，都出現在性反應週期的高原期，也就是性喚起之後、性高潮之前，那一段愉悅感不斷堆疊的時期。性喚起之前，α 波和副交感神經皆不活躍，而性高潮來臨之際，α 波會突然停止，副交感神經也突然關閉，轉變成交感神經來控制高潮反應，比如射精或宮縮。性學家還無法解釋這個現象，猜測可能是生物機制藉由這樣的轉化來防止個體過於興奮而帶來消融或毀滅的後果，也算是符合物極必反的原理。

α 波在高原期產生，於高潮期暫停，這個現象對於人類性愛的最大啟發就是，如果不執著於高潮那幾秒到幾十秒的巔峰感

受，而是無限延長高原期，也就是延長前戲的時間，那麼大腦就會不斷產生 α 波，持續連接宇宙的療癒或創意能量，滋養身心，產生靈感和創意。這樣不間斷地同頻共振、滋養、充電下去，會怎麼樣呢？會不會如同素女教導黃帝的「忍精」一般，在不斷延長愉悅的時間，永遠接近高潮卻不達到高潮的懸念裡，得到宇宙能量滋養，讓生命無限延長？會不會像明王與明妃在極樂中融為一體，體驗個人靈魂與宇宙靈魂合一的「大樂」，最終達到「悲智合一」的涅槃境界？雖然現在無法用科學的方法證實，但可可詩中提到忘我融入的「更大力量」足以讓我們徜徉在想像的水流中，高潮迭起。

大哉問：
伴侶為什麼需要「性」？

◉「性」是生存的基礎、生活的愉悅，亦是生命的泉源

【個案2】可可的性與愛的成長之路，是由插入的疼痛與生育的衝突啟發的；第六章【個案17】孟女士的性與愛的成長之路，是由實現不了高潮的困惑啟發的；第七章【個案20】付先生的性與愛的成長之路，是由買春行為與抽插的「一分鐘」對比落差啟發的；第九章【個案22】馮先生的性與愛的成長之路，是由成為靈魂玩家的嚮往而啟發的。盤點古今中外的「性」文化和科學研究、現代社會的「性」事件和現象，以及諮詢室個案的「性」生理和心理故事，即可發現人跟「性」的關係大致可以分成三種狀態或境界：

❶ 生存。對這個境界的人而言，性是用來生育繁衍、滿足肉慾以及形成生存同盟的手段。個體感受到資源匱乏的恐慌，受飢渴感驅使；而群體關注的重點則是基因的延續。

❷ 生活。對這個境界的人而言，性是用來接納脆弱、享受愉悅、交流愛意的媒介。個體感受到對空虛和孤獨的焦慮，受幸福感驅使；而群體關注的重點則是擁有生活的品質與優越感。

✦ 表10-1 人與「性」的關係可分為三種境界

境界	情緒狀態與應對模式	「性」的功能
生存	・匱乏→占有資源 ・危機→製造優勢 ・恐懼→挑起紛爭	✔散播基因 ✔生育繁衍 ✔重在數量 ✔「性」就是生殖
生活	・無聊→獲取成就 ・空虛→賦予意義 ・焦慮→學習放鬆	✔接納脆弱和陰暗 ✔獲得完整 ✔複製愉悅 ✔交流愛意 ✔重在品質 ✔「性」就是愉悅
生命	・平靜、忘我、超越、喜悅 →無須應對，只是臣服	✔聯結身體與靈魂 ✔身心共鳴 ✔靈肉合一 ✔心流徜徉 ✔重在超越 ✔「性」就是愛

❸ 生命。對這個境界的人而言，性是用來實現轉化，讓慾望超越肉體，提升到精神層面。個體獲得更多精神的富足和完整，受創造力驅使；而群體關注的重點則是生態環境的福祉以及集體意識的提升。

這三種境界，哪一個更讓人唏噓警醒，哪一個更令人心生嚮往，一目了然。如果與社會群體交叉比對，各個境界的族群比例可能跟文化導向相關，也可能跟經濟狀態相關，或是跟教育體制相關，甚至跟意識認知水準相關，還可能跟性商的發展層次相關。但如果單就每個成年個體來看，這三個境界有時區別分明，有時混合存在，有時則是呈螺旋上升，如圖10-3。

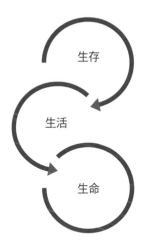

圖10-3 生存—生活—生命三種境界

個案23 我們還是會定期約會和旅遊，只是沒做愛而已

袁先生：婚後性生活還需要刻意經營嗎？想生孩子再做就好了吧？

何女士：我愈來愈懷疑，他是否是「對」的那個人……

心理師：「性」並非只是繁衍後代的手段，而是進行親密連結的方式。

　　袁先生和何女士是結婚三年的海歸伴侶，年齡均在30～35歲之間。兩人於國外念書期間認識，畢業後一起回國尋求職業發展。他們收入良好，同樣追求高品質的生活。他們經營婚姻生活的方式包括：在工作之餘，定期出去看話劇、電影、展覽，週末在高級餐廳跟朋友吃飯、聚會，每年兩次長途旅遊等。但是，他們從來不經營或者安排性生活。認識的前兩年，兩人的性愛感覺良好，婚後第二年雙方逐漸失去了「性」趣。無性婚姻持續了兩

年，他們對人、事、物的看法愈來愈分歧，日常的摩擦與日俱增，無論小事大事都互相抱怨指責。漸漸地，本來計畫生孩子的兩人，開始相互懷疑對方是否是「對」的那個人。

他們打造了最時尚的城市生活方式，卻失去了關係中最親密的愉悅連結。他們不知道「**性**」**需要經營**，只把「**性**」**當成繁衍後代的手段**，不僅失去親密的連結，還在「生活」境界中混雜了「生存」的焦慮和壓力。那麼，他們該如何完全進入「生活」的境界，甚至奔向「生命」的喜悅呢？想要彌補目前社會推崇的現代伴侶生活模式與成人性知識的缺乏之間的這條鴻溝，我相信最有效的方法是從擴展性愛智慧的角度優化親密關係，這就是我的性商模型中的第三模組——解鎖親密。

讓「性」成為愛的慶典

解鎖親密的最終目的是讓心流在伴侶之間暢通無阻，從而實現同頻共悅。主要須提升的面向有二：

❶ 溝通管道。突破「談性色變」的社會腳本，重建伴侶之間身心溝通的管道，培養透過語言「性」溝通的習慣，從而理解對方的內心渴望，這是第一要務。

❷ 同頻共悅。以深入了解彼此的需求為基礎，自在坦然地悅己和悅他（她），兩人以同頻共悅為目標，實現共同沸騰和靈肉合一。讓「性」成為愛的慶典，這是終極目的。

袁先生和何女士朝著這個值得嚮往的目標去了，在有限的時間內他們能達到哪一步呢？後面的內容會有更進一步的介紹。

高效「性溝通」，
懂得彼此的內在渴望

◎「要不要」不重要，「為什麼要」才是關鍵

　　如果性文化跟飲食文化的敏感度和開放度可以相提並論，本書就沒有必要出版，更不用做「性」溝通了。我們從不避諱談論喜歡吃什麼菜系、品哪種茶、喝哪種咖啡，因為社會文化並沒有在飲食方面建構羞恥感。「性」之所以難溝通，終究是因為我們身處「談性色變」的「恥感」社會腳本之中。不過，我相信認真看完本書前九章的讀者，已經具備解構這個社會腳本的能力，在重新建構自我的路途上，你可以自主選擇「性」腳本。所以，接下來要說說如何進行「性」溝通。

　　此處說的溝通不是簡單地知道對方「要不要」、「什麼時候要」和「如何要」，而是**溝通他（她）「要」與「不要」背後的內心渴望**。知道一個人要錢，不代表你理解他（她），除非你能懂得他（她）想藉由錢得到什麼；知道一個人愛美，也不代表你理解他（她），除非你能懂得他（她）想藉由美得到什麼。性，也一樣。知道一個人「要不要性」不是最重要的，**懂得他（她）想藉由性得到什麼，才是真正理解了他（她）的內在渴望**。以下提供溝通工具懶人包，有助於解決伴侶之間的「性」溝通障礙。

溝通工具1 性的需求排行榜

❶ 溝通的時機：

　　A. 約會調情時。

　　B. 使用社群媒體或是通訊軟體傳訊息的時候。

　　C. 剛看完性主題的影視作品後。

　　D.「激戰」高潮後，躺著交心時。

　　E.「戰事」不順利，暫停交流時。

　　F. 酒後吐真言時。

　　G. 在度假酒店放鬆時。

❷ 溝通的氛圍：真誠。

❸ 溝通的態度：真誠。

❹ 溝通的技巧：真誠。

❺ 溝通的內容：兩人同時填寫 10-2 表格（一人打勾，一人畫圈），可複選。填完之後互相交流，按照選項一一舉例和傾訴。

❻ 需求排行榜：首先寫下兩人的名字，再將上表選擇的前 5 項最重要的需求，依序填入 10-3 表格。

❼ 期待行為：「你做什麼可以滿足我。」對應表格，在表 10-4 寫下你希望伴侶在性愛過程中做什麼（注意！不是「不要」做什麼），讓你得到嚮往的感受。

　　透過表格溝通之前，請務必先了解：提需求是你的事，能否接受是對方的事，能否最終實現是老天爺的事，不要隱藏自己的需求，也不要期待對方一定可以滿足你，兩人在相對的起跑點上，只要彼此靠近就很好了。

✦ 表10-2 性的需求

你想在性中得到什麼？					
		1.生兒育女			2.完成責任
		3.緩解壓力			4.新鮮獵奇
		5.釋放慾望			6.溫暖關愛
		7.實現征服			8.實現占有
		9.被渴望			10.健康活力
		11.被接納			12.表達脆弱
		13.獲得身體愉悅			14.展現陰暗
		15.親近			16.樂趣
		17.打破禁忌的刺激			18.臣服於對方
		19.被欣賞			20.支配與控制對方
		21.滿足對方			22.年輕的感覺
		23.痛感			24.合一
		25.被羞辱			26.自由
		27.信任			28.陪伴
		29.探索自我			30.交換其他東西
		31.什麼都不想要			32.實現幻想
		33.我不知道			

*注意：如果表格中沒有符合你的描述，請自行補充在空白欄位。

✦ 表10-3 性的需求排行榜（示範請見表10-5）

A 的需求TOP5	B 的需求TOP5
1.	1.
2.	2.
3.	3.
4.	4.
5.	5.

*注意：
1. 需求最多只能寫5個，3～5個較佳，數量過多會弱化雙方溝通焦點。
2. 對於填寫表格若有疑問，請參考表10-5示範。

✦ 表10-4 期待的行為（示範請見表10-6）

如果＿＿＿＿＿＿，我會很滿足	如果＿＿＿＿＿＿，我會很滿足
1.	1.
2.	2.
3.	3.
4.	4.
5.	5.

*注意：
1. 表10-4和10-3必須一一對應，一個需求對應一個期待行為，給予對方明確的行為指導和方向。
2. 對於填寫表格若有疑問，請參考表10-6示範。

　　此外，如果你對你的性生活很不滿意，嘗試跟伴侶溝通也被他（她）拒絕，且這種情況沒有任何理由地持續了六個月以上，請記住，你可以選擇尋求性心理師的幫助。

✦表10-5 性的需求排行榜（示範）

A 的需求TOP5	B 的需求TOP5
1. 被渴望	1. 釋放慾望
2. 親近	2. 被崇拜
3. 獲得身體愉悅	3. 實現幻想
4. 滿足對方	4. 健康活力
5. 交換其他東西	5. 新鮮獵奇

✦表10-6 期待的行為（示範）

如果＿＿＿＿＿＿＿，我會很滿足	如果＿＿＿＿＿＿＿，我會很滿足
1. 你多親吻我的脣和上半身	1. 你能更主動
2. 我們每天多擁抱幾次	2. 你能時不時多誇我
3. 前戲能多幾分鐘	3. 你願意嘗試制服誘惑
4. 你很舒服時能告訴我	4. 你開始健身，在床上更有活力
5. 你多花點時間陪孩子	5. 我們嘗試去玩車震

❽ 他（她）的要求，如果我做不到怎麼辦？

　　對於使用這個溝通工具，經常有人擔心「對方提出的期待行為自己做不到」怎麼辦？比如，對方想「新鮮獵奇」，要「我」同意體驗重口味玩法；或者對方想「打破禁忌的刺激」，要「我」去野外帳篷裡做愛；又或者對方想要更多的「身體愉悅」，要「我」吃藍色小藥丸等。「我」真的做不到，或者「我」真的很忐忑，該怎麼辦？別著急，以下提供幾個具體對策。

　　首先，要知道，這個練習最重要的價值是讓雙方更了解各自的需求與邊界，所以回應對方的需求請秉持以下原則：

A. 表示聽到。

不評判、不嘲笑、不嫌棄。因為他（她）是在真誠脆弱的心情下，鼓起勇氣向你展現自己的需求，只有最親密的人才享有知的權利，他（她）值得被你聽見。所以，首先表示聽到了，而表示聽到最好的方式，是重複對方的話：「你的需求我聽到了，你希望我……，這樣你會感覺很滿足。」

B. 自我評估。

評估的內容包括完全做不到、可能做不到、不知道、可能做得到、做得到。請根據自我評估的內容，給予對方回饋。

你的評估	給予對方的回饋
完全做不到	考慮好做不到的原因，並且思考這一項做不到，但是其他哪幾項可以做到，讓對方覺得有所補償。
可能做不到／可能做得到	思考自己擔心的是什麼，並考慮把大任務分解成怎樣的小任務是你可以接受的。
不知道	不妨藉此機會探索看看，但要思考在什麼情況下你可以嘗試，什麼情況下必須停止。
做得到	願意做、也能夠做。如果考慮去做，甚至想給對方驚喜，一定要記得，這是為了「你們」去做，而不是為了「他（她）」去做。這不是你的犧牲，而是你們的共同享受。 如果做得到卻不願意做，也需坦誠表達不願意的原因。記得，溝通有時候也是談判，欲悅人前先悅己。

C. 表達感受。

自我評估後，坦誠、溫柔地表達自己的意願。建議的說法是「聽到你的需求，我感覺……因為我……」，比如，「聽到你說想去野外帳篷做愛，我感覺很緊張，因為我從來沒試過，擔心衛生和安全問題。」

D. 提出建議。

確保表達感受之後，要有可行的建議方案。目的是把大期待拆解成小步驟來進行。建議的說法是「我們可以先從……開始嗎？」，比如，「聽到你說想去野外帳篷做愛，我感覺很緊張，因為我從來沒試過，擔心衛生和安全問題。我們可以先在家裡客廳搭個帳篷試試看嗎？」

袁先生和何女士在第二次諮詢的過程中，得知了這個溝通工具的使用方法，回家後完成了練習。第三次諮詢時，他們告訴我說，不知道是什麼改變了，但他們重溫了一次久違的性生活。雖然他們沒有描述重拾性愛的感受，但是那次諮詢中，他們沒有像前兩次一樣翻舊帳、爭輸贏，坐姿也跟對方很相像，我知道這是身心開始協調一致的訊號。不過，改變才剛剛開始，還需要多多努力。

溝通工具2 完整地表達和回饋

這個溝通工具在日常生活和性生活中都非常好用，可以幫助伴侶雙方打開心結，疏通心流的管道。而其發揮效用的關鍵在於，你必須向對方完整地表達三件事：觸發事件→情緒感受→行為反應。

先看看完整的表達句型：

當你＿＿＿＿＿＿＿＿＿＿＿＿（觸發事件），

我感覺＿＿＿＿＿＿＿＿＿＿＿＿（情緒感受），

我回應的方式就是＿＿＿＿＿＿＿＿＿＿＿＿（行為反應）。

【舉例1】當你只顧著玩遊戲不幫忙做家事，

我感覺很無助，

我回應的方式就是拒絕你的性邀請。

【舉例2】當你做愛後馬上背對著我睡覺，

我感覺很孤獨，

我回應的方式就是第二天說話陰陽怪氣。

【舉例3】當你多次拒絕我的性要求，

我感覺很丟臉，

我回應的方式就是找朋友喝酒到三更半夜。

這是一個完美啟動心流的溝通工具，能有效地幫助你把事情說清楚，並在展現脆弱的同時，激發對方的同理心。這個邏輯脈絡非常重要。**「觸發事件」是讓對方看到他（她）的具體行為對你的影響；「情緒感受」是要你梳理並命名自己的感受，同時讓對方聽到；「行為反應」則可以讓對方理解你的行為模式。**

上述三個舉例都是我諮詢個案的心聲，許多伴侶在練習過程中才驚訝地發現，原來對方敵對或者被動的行為背後，竟是出自那樣的脆弱感受，而不是故意對抗或者莫名其妙的冷淡。誤解就此澄清了一半，發自內心的對話終於能夠順利流動。

除了掌握「觸發事件」、「情緒感受」、「行為反應」這三項重點外，還請注意以下幾個技巧：

❶ 溝通的時機：愈平靜、放鬆的情境，溝通愈有效。

❷ 溝通的狀態：表達之前，請檢視自己的情緒狀態。如果是抱怨、指責、索取，那一定無效；如果是平靜、真誠、柔軟，那有效的機率就會大幅提升。

如果你嘗試之後，發現自己無法完整表達這個句型，請尋求心理師的幫助，無須獨自硬撐。

從呼吸到心跳
都同頻的雙人舞

◎ 高潮只是性愛的目的地，共悅才是終極享受

民間流傳著一個性愛神話叫做「同頻高潮」，意思是伴侶協調好時間差，兩人的身體都得以充分升溫，最終同時達到高潮的體驗。這個體驗在影視作品濃墨重彩的描繪下，顯得異常美妙。於是一些性教育的課程和資訊便以此作為吸睛的標題，更加強化了同頻高潮的魔幻效果。

「同頻高潮」的體驗很難得，也很美好。但此處想要強調的不是「高潮」這個結果以及同時達到高潮的技巧，而是「共悅」的過程和「頻率一致」的共振感。就像「共同沸騰」是果，卻不是「靈肉合一」的因。靈肉合一的因，是為了達到沸騰而共同努力的過程。這也是普羅斯使用腦電圖發現 α 波只在興奮期、高原期（性反應週期中雙方共同努力的環節）出現，卻在高潮期停止的最大啟示。假設把性愛比喻為旅行，高潮只不過是目的地，也就是出發前設置的方向，既不是旅行的目的，更不是旅途中愉快的來源。

如果把到達目的地當作唯一目的，那麼這趟旅程也未免太過敷衍，跟旅行團「走馬看花」，上車睡覺、下車拍照又有什麼不同呢？就如同性商偏低的人做愛直奔主題，頂多在「名勝景點」多停留一下子，親一親、摸一摸，表示來過了，然後繼續往下走

流程。這種「食之無味，棄之可惜」的性愛形式，一旦性商提高，必然會果斷摒棄。

懂得享受旅途愉快的人，必不會滿足於跟團旅遊，而是會嘗試自由行，讓整個旅程安排更有彈性，哪裡待得舒服，就多待一會兒，盡情享受過程的愉悅。性商提升之後，便會想要多多體驗不同方式、角色、位置、力度、儀式、角度帶來的愉悅，然後逐漸增加各種創意組合，隨興發揮，製造氛圍，使用不同功能的情趣玩具，甚至有人會花時間探索少有人提及的「原始生態」區。如此日後回味起來，**最令人印象深刻的絕不是到達目的地的滿足感，而是讓人忘記目的地的感官漫遊。**

當然，還有一種專業自助旅遊，更像是技術派的戶外運動俱樂部。精心選擇旅伴，挑剔選擇器材和裝備，設計的路線要綜合考量難度和挑戰性。就像前文提過的 BDSM 專業玩家一樣，工具的使用猶如藝術，刺激感的設計也必須遵守嚴格的規範。快感路線中潛藏的風險，與精心設計的防範措施僅一線之隔，在其上遊走玩耍可以得到不可計量的精神愉悅。

◉ 如何從跟團「走馬看花」，升級到專業「自由行」？

不得不說，袁先生和何女士還停留在跟團旅遊的「走馬看花」階段。最初認識那幾年，他們在多巴胺的獎勵機制下體驗了良好的性愛。但結婚後，激情逐漸減少，他們便逐漸停止在性中交流愛，所以他們的性商沒有相應升級。就像跟團的旅客一樣，他們厭倦了敷衍的「走馬看花」，卻沒有嘗試探索「自由行」。棄守了生活中最深層的一塊愉悅領地和愛的交流場所，以致他們的生活節奏愈來愈不同調，想法也愈來愈不合拍，自然會有愈來

愈多的摩擦與衝突。因此，他們需要重新學會如何從身體開始協調彼此的頻率。

以下介紹一個我經常建議諮詢的伴侶進行的協調練習，動作看似簡單，背後卻蘊藏著豐富的含義和無限提升的空間。

同頻對掌舞動，在家也能輕鬆做

❶練習前準備

A. 選擇一個安靜的空間，伸長手臂，確保手臂揮舞時不會碰到任何物品。

B. 在開始前，播放適合冥想的自然音樂，如鳥鳴聲、海浪聲、風鈴聲、頌缽聲等。

C. 兩人面對面站立，如圖10-4所示。

D. 雙腳略微分開，與肩同寬，挺胸，將背部挺直，肩膀放鬆。

E. 兩人腳尖之間距離40公分左右，雙手合掌時能舒適地放在兩人之間，與胸口齊平。

F. 兩人雙手在胸口之間合掌，手指和掌心舒適且緊密地貼合，細膩地體會肌膚的感受。

G. 快速指定，一位是A，一位是B。

❷舞動的三個階段

階段1 專注呼吸 → 同呼同吸

A. 閉眼放鬆，觀察自己的呼吸。

B. 持續觀察，觀察呼吸的深度、頻率、節奏、流暢度。

C. 觀察並找到自己呼吸的節奏和特點，並讓身體愈來愈放鬆。

建議：如果是兩人在家進行，不妨把三個階段的描述錄音下來，開始舞動時便可一邊播放聆聽，一邊舞動。

圖10-4 雙人對掌舞動示意圖

D. 觀察到自己完整的呼吸後，繼續呼吸10次。

E. 接著感受對方的呼吸。

F. 感受到對方的呼吸之後，嘗試調整自己的呼吸，與對方同吸、同呼，形成相同的節奏。

G. 如果感受不到對方的呼吸，可用雙手微微上升表示吸氣，微微下降表示呼氣，帶動對方呼吸的頻率。

H. 雙方同吸同呼5次。

階段2 伴侶A帶領舞動

A. 伴侶A用手掌帶領舞動。

B. 手和手臂以任意角度、方向、速度、幅度即興舞動。

C. 只要腳不離地或移動，身體可以配合手臂舞動。

D. 伴侶B只需保持手掌貼合，跟隨伴侶A的舞動即可。

E. 維持閉眼狀態，隨興舞動2～3分鐘。

F. 伴侶A停止舞動，手掌回到胸前的起始位置。

階段3 伴侶B帶領舞動

A. 伴侶B用手掌帶領舞動。

B. 手和手臂以任意角度、方向、速度、幅度即興舞動。

C. 只要腳不離地或移動，身體可以配合手臂舞動。

D. 伴侶A只需保持手掌貼合，跟隨伴侶B的舞動即可。

E. 維持閉眼狀態，隨興舞動2～3分鐘；

F. 伴侶B停止舞動，手掌回到胸前的起始位置；

G. 兩人緩和調息，再次把呼吸調整到跟對方同頻，同吸同呼。

❸收尾

A. 最後同吸同呼5次。

B. 緩慢地睜開眼睛，目光對視至少10秒後，放下手臂，結束舞動。

C. 兩人坐下，交流下列問題：

✔ 剛才練習的整體感覺是什麼？

✔ 呼吸、你帶領、對方帶領三個階段，你更喜歡哪一個？

✔ 體會舞動的過程，你覺得跟性愛有什麼相同之處？

✔ 從舞動的練習中，對於性愛你得到怎樣的啟發？

　　許多做過這個練習的伴侶，都用絕妙的比喻描述同頻感為他們帶來的震撼。其中一位男士的描述讓我印象尤為深刻，他說，這個練習的感受讓他想起電影《阿凡達》（*Avatar*）中的片段：女主角帶著男主角走到部落的守護神樹下，溫柔深情地表白，然後用

他們特有的辮子尾部，連結上神樹的樹梢，那一瞬間男主角透過樹梢連接上整個部落的集體能量，然後男女主角在星球部落的見證下親吻，融為一體。

雖然地球人沒有納美人的神奇觸角，不過如果你會彈奏樂器，嘗試過與人合奏，那你可能體會過琴瑟和鳴的美妙；如果你喜歡運動，體驗過雙人項目，那你可能感受過默契十足的喜悅；如果你熱衷思辨，常常與人交流想法，那你可能品嘗過火花四射的碰撞；如果你喜歡舞蹈，曾經跳過雙人舞，那你可能體會過舞步和諧地融入音樂節奏，連呼吸和心跳都與之同頻，自我彷彿逐漸消融的奇妙。我相信這種感覺跟影視作品中男女主角得到的連結感非常相似。

個案24 我終於體會到，為什麼人們把性交稱為「做愛」……

D女士：原來這才是做愛！我感覺分離已久的身心終於一致，就像是與他共舞，我完全沉浸在音樂節奏中，好似舞池中只剩下音樂和我們兩人。

心理師：在雙人舞中感覺到的同頻，延續到性愛中，不僅引發更多的生理愉悅，也產生更多超越肉體的精神共鳴。

D女士告訴我，她跟伴侶是在舞池中相識的。他們偶然在拉丁舞俱樂部相遇，沒有任何語言交流，只是每次在舞池中看到對方就會搭檔共舞。一開始他們只跳一到兩首曲子，後來不知不覺間，他們共舞的次數愈來愈多。她發現跟別的舞伴跳舞時，她特別在意自己的舞姿好不好看、舞步對不對、有沒有人在看她；但

跟他跳舞時，她完全沉浸在音樂節奏中，忘記舞姿和舞步的要求，也不管周圍的人有沒有看她，好似舞池中只剩下音樂和他們兩人。

　　他們後來在一起了。這位女士說伴侶是第一個讓她感覺「原來這才是做愛」的人。她終於體會到，為什麼人們把性交稱為「做愛」。這種感覺讓她分離已久的身心終於一致。身體感覺到的愛是那麼深刻、不容置疑，哪怕他們在現實層面遭遇許多阻礙，依然果斷地決定在一起，成為對方的終身伴侶。結婚10年後，他們在性愛中依然可以互相滋養。在雙人舞中感覺到的同頻共振，延續到他們的性愛中，不僅引發更多的生理愉悅，也產生更多超越肉體的精神共鳴。甚至在職業生涯和人際關係方面，他們也發生許多同頻共鳴的現象。她不知道這樣的同頻會將他們的成長帶向何處，但就如同在舞池中一般，有一位與自己的步伐、心跳、呼吸一致的伴侶，融入彼此生命的節奏，共赴人生的起伏，夫復何求。

你想要什麼樣的關係，
你的愛情保鮮期就有多長

Q14 性這種事不就是靠衝動嗎？沒衝動的話，為什麼還要做？

美國著名婚姻治療師埃絲特・沛瑞爾（Esther Perel）有一句名言：「Sex is not a thing you do, it's a place you go.」我將之解釋成「性愛不是一件要完成的事情，而是一場共同前往的旅行」。

袁先生和何女士這對海歸伴侶，他們的「旅行」只有跟團「走馬看花」，之後就暫停了。跟許多伴侶一樣，在初識的兩年間，他們體驗了熱烈且激情的性愛，但結婚後逐漸淡去。他們對此感到很矛盾，在諮詢中不斷問道：這是正常的嗎？如果正常，那為什麼總感覺缺少了什麼？

袁先生和何女士的自我反思和覺察能力比較強，而且兩人有共同面對問題的決心，所以他們的諮詢剛開始進展神速。第三次諮詢，他們就告訴我，兩人重拾了久違的性生活。我當時以為他們疏解了生活中的情緒積怨，心流開始流通，但接下來的兩個月，他們又沒有性生活了。而且奇怪的是，他們，尤其是袁先生，好像不太想討論這個問題，反而更聚焦在抱怨平時的家務分工。他說袁女士對生活不用心，家裡的一切，從打掃到旅行攻略，都是他一手包辦，所以他很焦慮；而袁女士則覺得袁先生莫

名其妙，因為她認為兩人每次都有事先商量好，不知道他為什麼事後又來抱怨。類似的憤怒和積怨，在後續的諮詢中反覆出現。

　　他們不斷翻舊帳、爭輸贏、互相指責，嚴重破壞兩個人的連結感，於是我把諮詢的重心放在溝通模式上，讓他們學習如何表達情緒感受，而不是以抱怨代替期待。他們在諮詢室練習之後，效果不錯，雙方都從新的溝通模式中聽到了對方真正想要表達的情感，也發現彼此過去沒看到的一面。在這個過程中，兩人也討論關於「造人」的事宜，但是幾次諮詢之後，情況又回到原點，我知道，諮詢陷入了困境。

外在西方文化與內在東方敘事的衝突

　　直到我們又有機會把話題聚焦在性生活上，才終於有所突破。我問袁先生，跟太太的性生活，最大的感受是什麼。他說：「沒有衝動。」話語之間非常平靜。於是我繼續問他：「跟太太做愛時沒有衝動，這件事讓你感覺怎麼樣？」他連珠炮般回答：「不覺得怎麼樣，沒有衝動就不做，大家不都是這樣嗎？性這種事不就是靠衝動嗎？沒衝動的話，為什麼還要做？」

　　從他的話中可以解讀出三層意思：

❶ 性就是衝動之後的性交行為。

❷ 結婚後「大家」都沒有性衝動，這很正常。

❸ 他並不認為需要改變。

　　而他一連串的表達中夾雜著煩躁，這些煩躁，正體現出他的內在矛盾。

　　看到袁先生漸漸顯露出他內在的性腳本，我想趁此機會了解更多，於是我追問道：「聽起來，你認為性只是為了滿足衝

動？」他說：「基本上是。」我再問：「那你會從性生活中得到親密感嗎？」他猶豫了一下說：「也許有吧。」我說：「那你會為了獲得親密感而進行性生活嗎？」他沒有回答我，而是反問道：「我想問一下，大家不都是婚後就沒什麼性生活了嗎？這種事會有人刻意去做嗎？」我也反問他：「有人會刻意去做，也有人不做，關鍵是你願意花時間去經營嗎？」他不置可否，思考了很久，這個發現似乎觸動了他長久以來的認知。

袁先生的矛盾讓我明白了此次諮詢面臨的困境。兩位當事人的留學經歷和溝通風格，讓我理所當然地假設他們具備西方文化背景的性腳本，所以直接聚焦在疏導情緒和改善溝通，沒想到他們深層的性腳本跟表面的生活方式和價值觀並不一致，導致親密關係才改善一點點，就又打回原形。

回顧他們的各種內外表現，總結梳理下來，可知他們的內在衝突大致有以下幾個：

❶（雙方）現代共同成長的親密關係vs老派徒具形式的夫妻關係。

❷（雙方）丈夫對「性＝洩慾」的認知vs妻子對性的親密需求。

❸（丈夫）夫妻平等分工的腳本vs傳統男主外女主內的腳本。

❹（妻子）表面上獨立自主的大女人情節vs生活中的小公主情節。

根據上述種種新領悟，我除了與何女士和袁先生進行伴侶諮詢以外，也分別和兩人進行單獨諮詢，以梳理他們各自的成長點。何女士在單獨諮詢中獲益良多，她看到自己女性角色的腳本矛盾，意識到現代西方女性主義的話語，跟她早期接觸的浪漫童話敘事之間的衝突，影響了她對親密關係的期待。

　　袁先生的牴觸比較大。他表面上接受西方文化的薰陶，但深層意識中依然背負著傳統封建文化認為「妻子跟性生活無關」的信念[2]。所以他在熱戀期的性衝動結束後，正好走入婚姻，自然就不再為性生活努力，因為他原本的信念就是「性是源於衝動，而不是經營」。在這樣的傳統腳本中，如果長時間無察覺、無改變，當事人在生理需求的驅動下，很可能會採取一個看起來更「容易」的解決方案：購買性服務。而袁先生確實這樣做了。從這裡可以歸納出他在單獨諮詢中停滯不前的原因：

❶ 要解構深層的傳統男性腳本，讓當事人放棄唾手可得的性方案不容易。

❷ 要讓當事人察覺自己的性行為不符合自己認同的道德標準也不容易。

❸ 性與愛的成長過程中需要當事人努力建構平權的親密關係，這依然不容易。

　　然而，袁先生和何女士完成10次諮詢，內在衝突比較完整顯露出來後，他們決定要結束諮詢。雖然有些可惜，但我知道，這是他們現階段能獲得的最大收穫。每一對伴侶的內在關係結構都有其獨一無二的療癒智慧，心理師必須看懂他們的節奏，並尊重這種節奏。最後一次諮詢結束前，何女士向我表達感謝。她說，原本提議來做諮詢是想改變先生，沒想到最大的收穫是了解真正的自己和真正的他，這是種奇特的體驗。袁先生也一改他成熟穩重的菁英人士作風，表示他以前不知道自己真正要什麼，現在好

2　傳統封建文化中，妻子的心理功能是展現身分地位和維持家庭完整，妾的心理功能則是為生活帶來愉悅，青樓女子的心理功能才是談情說愛。

像知道得多一點了，而且就算自己是個「壞男人」，仍希望妻子可以無條件接納自己，讓他從此變成更好的人。即將離開諮詢室之際，袁先生又問了一遍他之前問過的問題：「到底其他伴侶是怎麼做的？維護伴侶關係都這麼麻煩嗎？」我看著他滿眼的困惑，回答道：「那就要看你了，你想要怎樣的親密關係。」他欲言又止，跟太太一起離開了，把這個懸念留在記錄他們成長的諮詢室裡。

每個人都有內在智慧、世俗的陰影與偏見以及養育者的局限，可能讓人的智慧之光蒙塵，無法發光發亮。但是，內在智慧不會一直沉淪，而是隨著意識流動，積聚力量。一旦時機成熟，就會破土而出。摯友也好，貴人也罷，心理師亦是其中一員，可以幫助掃去內在的塵土，但最終能否發光，還是要看個人的意願與能量。

Q15 固定伴侶之間要如何常保新鮮？

回到第九章【個案22】的馮先生，他已經想好了要怎樣的親密關係，以及他要成為怎樣的伴侶。有時候，看著諮詢室裡各式各樣的當事人，我會覺得他們好像不是不同的人，而是同一個人處在不同的生命成長階段。而我以心理師的身分，跨越時空出現在他們人生的不同階段，作為一面鏡子或者一盞路燈，給予他們恰到好處的溫暖和清明。

馮先生有點像略為成長後的袁先生。當然，這只是我看到的「像」，因為我希望袁先生可以在性與愛的路上走得篤定，走得坦然。就像馮先生一樣，他為了提高性商，成為靈魂玩家，致力拓展提升他的五項能力，而其中第五項能力就是長期伴侶保持新

鮮感的能力。

偶爾換個人設，在愛情裡求新求變

在諮詢室和性商工作坊中，經常有人問我：如何長期保持與固定伴侶之間的新鮮感？一般我聽到這個問題，都會很替提問者高興。**一方面，他們意識到伴侶之間需要新鮮感；另一方面，他們也願意為了經營伴侶關係而努力。**關於這個問題，我的答案很簡單，只有一個字：變！

那麼，具體要變什麼呢？

❶ 變地點和環境：廚房、封閉式陽臺、帳篷、山頂……你都試過了嗎？

❷ 變角色和服裝：帝王、女僕、警察、罪犯、老師、學生、老闆、同事、明星、陌生人……誰是他（她）的幻想對象？你敢陪對方玩嗎？

❸ 變姿勢和部位：指交、口交是基本，腳趾頭也可以用！大膽地解鎖更多的新姿勢吧！

❹ 變個性和風格：很多女性告訴我，她們的伴侶太溫柔，但其實她們偶爾也渴望伴侶展現出一點粗魯、強烈的占有慾！她們也希望放飛內心的「邪惡」，嘗試黑天鵝或妖精人設，體驗亦邪亦正、可鹽可甜的魅力。套用一位女性個案的話：「沒有見過我的陰暗面，就別說有多愛我，沒有見證我的成長，又要怎麼走完一輩子……」

缺乏變化和創新能力的人，往往自我物化嚴重、習得性無助、沒有主觀能動性，又或者像袁先生一樣，拿著老舊的封建性腳本，覺得親密關係無須經營，又或者懶得「自找麻煩」。因為

經營親密關係所需的變化和創新，不僅是對生活的再創造，同時也意味著自我的迭代更新！

許多愛情心理學家都研究過一個議題，就是固定伴侶的熱戀激情能持續多久。研究重點大多放在生物科學的激素上，也就是多巴胺的作用。結果發現，多巴胺的持續效應從12～30個月不等。不料這個數據被媒體濫用，宣稱愛情的保鮮期只有一年到兩年半。如果你相信這樣的敘事，就被媒體毒害了！這樣的敘事，讓愛情變得狹隘。什麼是愛情？愛情等於性衝動嗎？愛情等於多巴胺的分泌嗎？當然不是。這樣的敘事，剝奪了人的自由意志。人是食物嗎？是不會更新代謝的一塊肉嗎？愛與情都是人世間永恆的真善美，又怎麼可能標示有效期限呢？那些關於激素的科學研究帶給我們唯一的啟發就是，**愛情初始確實含有許多受激素驅使的肉體激情，但愛情的永恆一定是源自充滿創意的心靈激情。**

還好，許多人並不相信媒體濫用的那套敘事，比如馮先生。他一直認真經營親密關係，並從中感覺到自我創造的愉悅。然而，在性生活上嘗試了一些創新變化之後，卻沒有得到他預期的效果，太太的反應和熱情程度不如他想像得那麼高。於是，我和馮先生再次邀請他太太來諮詢室聊一聊。這次，太太同意了。

馮先生的太太向女士，她看起來溫婉柔和，臉上一直帶著害羞的表情。剛開始她的話很少，後來才逐漸打開話匣子。她承認自己一點也不了解心理諮詢，甚至還有些偏見，覺得有病的人才需要諮詢。如果不是馮先生一開始瞞著她偷偷學習，而且頗有成效，她是不會走進諮詢室的。跟馮先生交談了好幾個月，我也從他口中認識向女士，這次終於見到本尊，我對她這幾個月以來對親密關係的感受非常好奇，於是單刀直入地問了，而她也揭曉了三年前他們性生活有所突破的原因。

Q16 你知不知道女人也是有性需求的！

　　向女士說，她27歲和馮先生結婚，28歲生下兒子。結婚6年，她從來沒有感受過性愉悅，但她一直忍著，從來沒有提什麼要求。直到有一天，她在床上爆發了。她說：「那天也不知道怎麼了，在他完事準備轉頭大睡的時候，我突然從床上彈起來，大喊：『你知不知道我們每次做愛，都是你需要就做，你累了就不做。我想要時你卻沒反應，你知不知道我也是有需求的！』」說完後，她以為先生會發火，但她萬萬沒想到，馮先生睜大眼睛，愣了好幾秒才說：「什麼？女人也有需求啊？」向女士哭笑不得，當下才知道她先生一直以為女性沒有慾望，只會被動反應，所以從來沒有關注過她的需求。如果不是她忍無可忍地爆發，可能她一輩子都會在盡義務般的性關係中沉默，漸漸枯萎，且痛恨性愛。而馮先生也可能永遠不知道愛人的渴望，甚至百般困惑於太太的被動冷漠，最終將她歸於性冷淡之列，失去兩人從本質上交流愛的機會。

挖掘女性豐富、強大且無邊無際的愉悅

　　向女士的爆發拯救了他們，特別是馮先生。被一向好脾氣的太太訓斥以後，他彷彿意外瞥見女性愉悅的真相，決定奮發圖強，彌補虧欠太太六年的快樂。向女士那年的生日收到一個可愛的震動玩具，雖然兩人一開始都不知道該怎麼用，但慢慢探索就發現了新奇的樂趣。馮先生第一次領略到太太的愉悅和高潮反應，深深感到震撼。他恍然大悟，原來女性的愉悅體驗是如此豐富、強大、無邊無際。自此他開始到處搜集與性相關的資料，想要補足過往缺失的性教育課。但他找不到正規的成年人性教育管

道，也知道色情作品幫不了真實的性愛生活，於是他只能在國外網站上陸續搜集兩性知識。東拼西湊地學習了三年，直到看見朋友私底下分享的性商課程，他驚喜地發現這個課程系統性地提供提升的方法，綜合了許多他之前學過和沒學過的內容，於是他踏上了這趟性商升級的旅程。

我問向女士，對於先生被她啟蒙後，奮發圖強想當靈魂玩家的感受？她說：「我一開始覺得他有點誇張，太胡鬧了，似乎沒這個必要，畢竟俗話說『平平淡淡才是真』。但是，在他不斷改變的過程中，我發現他的注意力都放在家裡，每天都很有活力，家裡也充滿歡聲笑語。以前我老是黑著臉，心中總有無名火，我們經常為一點小事吵架。但現在，我就算偶爾抱怨，也會被他的一句玩笑話逗笑，連孩子都開心許多。所以，我就陪他一起胡鬧吧！」

聽到這裡，我知道他們夫妻已經有了共同的信念，一起營造有趣又有愛的性生活。就算現階段兩人的期待有些落差也沒有關係，如今他們的伴侶關係已經啟動自我調節的功能。伴侶兩人帶著同頻能量去創造生活，每一天都是新鮮的。

文字難以表達人類在追逐性與愛的路上，感受到的共同沸騰的美妙，以及超越身心的合一之道。最後，就以一首詩，作為本書的結尾。

沸騰的深海

性愛是一場深海之旅，
跳進水裡那一刻即能瞥見人性，
興奮、驚悚、忐忑、狂喜，

你能游多遠？端看你怎麼呼吸。

海中有怪物醜陋凶殘，

也有洋流危險湍急，

隨時可能丟掉性命，

也可能快樂到忘乎所以，

你是安全的，只要記得呼吸。

荒漠也好，森林也罷，

也許還有溫泉，可能遇見精靈……

沒有路牌或導遊，

但迷失也沒關係，因為你還有呼吸。

孤獨最終會為你指引，

讓你跟注定的潛伴相遇，

你們學會調整為相同頻率，

吸，靠近，

呼，遠離，

吸，靠近，

呼，遠離，

當你們不可避免地融於一體，

海底都將與你們一起振動，

振動……

振動……

振動……

直到整個地球都變成一顆振動的水珠，

在宇宙間沸騰不停。

從呼吸開始合而為一 Notes

❋ 體驗過心流狀態的人,會產生一種「融合於更大的力量之中」的感受,而融入這種力量,往往讓人品嘗到平靜與狂喜同時存在的神祕感受。

❋ 「性」需要經營,只把「性」當成繁衍後代的手段,不僅失去親密的連結,還在「生活」境界中混雜了「生存」的焦慮和壓力。

❋ 「性」溝通不是簡單地知道對方「要不要」、「什麼時候要」和「如何要」,而是了解他(她)「要」與「不要」背後的內心渴望。

❋ 假設把性愛比喻為旅行,高潮只不過是目的地,也就是出發前設置的方向,既不是旅行的目的,更不是旅途中愉快的來源。

❋ 經營長期伴侶關係需要不厭其煩地求新求變,且不斷自我迭代成長。

希望這些震撼和療癒的故事能照亮更多人

　　心理諮詢師是一個孤獨的職業，我們精心保守著如此多的祕密。出於對個案的保護，心理師的職業倫理決定了我們無法跟他人盡情地談論個案。就算是跟督導老師交流，也設有層層關卡，以確保對當事人個資保密，僅僅針對諮詢技術討論。

　　性心理諮詢師可能更甚，他們不僅感受到職業倫理約束帶來的孤獨，還感受到社會文化的擠壓。這種擠壓來自「談性色變」的文化氛圍，來自他人的異樣眼光，也來自社群媒體的審查……不知多少次，有人問我：「你為什麼從事這個行業？」我原本會回答：「因為喜歡。」提問者聽了，臉上就會閃現一萬種既好奇又羞於打探的表情。後來我為了避免引燃獵奇的火苗，就回答：「因為有意義。」提問者聽了，就會凝重地點頭，說：「嗯，確實很有意義，你拯救了無數不『性福』的家庭。」話題由此終結。還有一位同業諮詢師曾說我是「孤勇者」，搞得我每次聽那首歌，都忍不住仔細地把每句歌詞聽清楚，看看是不是我的寫照。

　　其實，我拯救不了任何人，更不想當孤勇者。

　　我曾經在2009年參與一個臨終關懷志願者的計畫，每週末都要去醫院的安寧病房對臨終病人及其家屬進行臨終陪伴和情緒疏導。表面上這是一個年輕人為臨終者帶來溫暖和慰藉的工作，但

我這個「年輕人」卻反過來被「臨終者」所「拯救」。因為我看到在生命終結的邊緣，這些臨終者強烈的求生意志，以及對命運激烈的反抗。在跟醫生、護士和家屬的要求、聲訴和衝突中，他們努力地為自己爭取多活一分鐘！我感覺到他們爆發出的生命力，比大都市中渾渾噩噩的年輕人展現的生命力更高出一百倍、一千倍。我突然領悟到，要「把每天都當作最後一天來活」，而這個領悟拯救了我。

在生命抵達盡頭之前如何精采地活著，跟在「談性色變」的文化中公開談性，談論如何得到高潮，是一樣的對立而艱難，卻又同樣的盡興和刺激。當事人在生活中因為性的束縛而枯萎——套句當事人的話：「整個世界都是黑白的。」——他們找不到自我，覺得自己形同行屍走肉；而當他們開始認同自我，突破社會的刻板印象，讓自己的性能量自由流動，他們就會如同花一樣綻放，如同光一般耀眼。這個艱難的對立、高壓下的綻放、陰暗中凝結的光亮，每每震撼著我，也療癒著我。所以我不想當孤勇者，我要讓這些震撼和療癒我的故事以恰當的方式問世。我想要這些光照亮更多人，啟動每個讀者的光源，互相照亮。我更希望心理師同業，是第一批亮起來的人，因為我們每天都在追逐光源。

性心理成長書籍的參考極少，這本書寫完後，我和策畫編輯張盼老師都不確定讀者會有何反饋。所以，書稿出來之後，我邀請了十幾位試讀嘉賓，請他們閱讀後給予回饋。其中部分嘉賓是心理諮詢從業者，部分嘉賓是書中的個案原型，部分嘉賓是圈外人士。沒想到，無論是什麼身分職業的試讀嘉賓，好幾位都告訴我：「看完書後興奮得睡不著，覺得內心長久以來、那些無法言說的情緒和困擾，終於有人說出來了！曝光了！共鳴了！」有人

說：「要預定10本，準備讓自己關心的朋友人手一本，無論男女！」有人說：「要多看幾遍，書中的內容太值得回味！」而其中一位資深同業諮詢師的感言尤其觸動我，她寫道：

　　一口氣讀完了本書，太驚喜了。

　　本來是洗手更衣打算當成教科書，先來讀目錄的，沒想到開頭幾段就抓住了我的目光，忍不住多看了幾遍。特別是下面這段話，讓我有種非常奇妙的觸動。

　　「人類歌頌生命的誕生，卻汙化造人的行動；人類大聲談論愛，卻躲躲藏藏做愛；人類讚美植物的生殖器（花），但卻用自己的生殖器來罵人；人類享受性的愉悅，卻也用性來羞辱他人；人類鼓勵女性生育，卻又製造女性的性羞恥；人類用禁慾代表能力，卻也用濫交炫耀權力；人類用性彰顯成就，卻也用性自我毀滅。」

　　接下來的隱喻，不覺莞爾，布局真的很精巧，就像是本書的閱讀地圖。

　　隨著內容鋪陳，一個又一個的問題呈現出來，還帶著諮詢師細膩的自我觀察，既有理論框架，又有逐步梳理出來的治療計畫，就像是帶著讀者跟性心理師走了一趟諮詢的旅程，堪稱是簡易的性治療師手冊。不僅如此，文中穿插的文化歷史、科普圖片以及破解迷思，也讓我大開眼界。後半部更是提供了系統性的評測和諮詢方法，條理清晰而豐富又層層遞進。我最喜歡的是自然穿插的小詩篇，成就了全書獨特的美。

　　關於性和愛，似乎是聚焦於此，但又不僅僅如此。博大精深的歷史文化帶來的影響，此時此刻全然接納和擁抱身體、自我和生命本身的態度，同時又看到各種觀念隨著時間變化和探索的深度廣度而流動，這是一本關於「存在」的書，通透和唯美的感覺躍然紙上又力透

紙背。

這讓我不禁想像作者是一隻性感優雅的美洲豹，在叢林密布、水草繁茂的大森林裡，時而舒緩伸展，時而敏捷奔跑。她不僅愛著湖水裡的倒影，也戀著真實的世界。

這樣的回饋正符合我所說的互相照亮，這樣的回饋既是「美洲豹」迷戀的幻影，也是映射的真實世界。我開始撰寫本書之前並沒有清楚意識到這一點，只是在孤獨感和擠壓感的迫使下，忍不住想要表達什麼。意外的是，寫完這本書之後，不僅清楚看見每個當事人給予我的照見和療癒，更放下了過去追尋的「意義」。現在更多的是享受在幻影和真實之間，各種光源的照耀，感受自己的身、心、靈不斷升溫、持續沸騰。

當然，也有男性試讀嘉賓讀完後感覺很矛盾，他說，雖然學到很多東西，但同時又覺得男性的自尊心有點被冒犯，心裡不是滋味。我聽到這樣的回饋，一開始覺得吃驚，心想：「咦？我很同情男性在『性』中受到的捆綁和誤導，並致力於減少這樣的痛苦，為什麼反而會冒犯男性讀者呢？」接著又感到為難，要怎樣才能不冒犯到他們呢？後來我想明白了，也許正是我的同情所帶來的真相，讓男人感覺被冒犯吧。畢竟，優勢族群不會想要被人同情，這本身就是一種冒犯。

這讓我想起馬斯特和瓊生的故事，他們對兩性高潮差異的實證研究成果，冒犯了學院領導人，被踢出學校體系，後來是志同道合的投資者支援他們繼續研究。想想看，1960、1970年代，美國的性學發展背景跟當下的社會有類似之處：四面楚歌、處處碰壁、限制重重，但也總是會柳暗花明、方興未艾、絕處逢生。這也許就是「性」學研究的必經之路，在社會意識變更之際，人總

是因為被真相刺痛而反覆徘徊在「否認—憤怒—討價還價—接受」這條變革曲線上。而我所能做的，只是不斷在諮詢室中，幫助個體成為更完整自由的自我，同時不知不覺間成為那個刺人真相的講述者，也可能成為變革的一份子，印證社會意識不斷變革、前進。

另外，還有理性派的試讀嘉賓回饋道：「你把三本書的內容，放在了一本書裡，資訊和訣竅那麼多，我的大腦都跟不上了！」哈哈，也許我要的就是這個效果，讓每個人都明白，想用大腦去理解身、心、靈的感受是不可能的。我們能做的就是臣服於身、心、靈的體驗，去感受、去接納、去欣賞它們。少一些評判，少一些自以為是，就像人類對待大自然的態度一樣，只有回歸其中，並臣服其中，才能享受到合一的美妙。

當然，這也確實提醒了我，人總需要在身、心、靈的體驗之後，讓大腦得以理解，讓心和腦得以同頻，最終才能超越自我。所以，很可能在後續計畫出版的系列書籍中，幫助讀者去敏之餘，也要在性與愛的成長之路上得到更多的支持和共鳴。欲知後續如何，我們一起期待！

在此由衷感謝每一位照亮我的當事人、人生伴侶、同業諮詢師、幾位姊妹、策畫編輯，並感謝這個最酷的時代，和永遠對人性充滿好奇的自己。

最後，如果你閱讀本書時有任何疑惑，或者有問題需要進一步交流探討，請寄郵件至 ask@ritapengrui.com。如果你在閱讀本書時，發現自己需要專業的性心理諮詢，也可掃描網站QRcode、預約我的視頻／面對面諮詢。

彭瑞性心理諮詢網站

參考文獻

第一章

[1] Mah K, Binik Y H. *The nature of human orgasm: a critical review of major trends* [J]. Clinical Psychology Review, 2001(6): 823-856.

[2] Barry R. Komisaruk, Carlos Beyer-Flores, Beverly Whipple. *The Science of Orgasm*[M]. Johns Hopkins University Press, 2006.

[3] 潘綏銘，黃盈盈。性之變：21世紀中國人的性生活。北京：中國人民大學出版社，2013。

[4] Gagnon , J .H .& W .Simon. *Sexual Conduct :The Social Sources of Human Sexuality*[M] .Chicago : Aldine Publishing Co., 1973.

第二章

[1] Lee et al. *Imperforate Hymen: A Comprehensive Systematic Review*[J]. Jounal of Clinical Medicine, 2019, 8-56.

[2] William Master, Virginia E. Johnson, Robert C. Kolodny. *Human Sexuality (5th Edition)* [M]. Boston: ALLYN & BACON, 1997.

[3] American Psychiatric Association. *Diagnostic and Statistical Manual of Mental Disorders: DSM-5® 5th Edition*[Z]. Arlington: American Psychiatric Association, 2013

[4] 高羅佩（Robert Hans van Gulik）。中國古代房內考（Sexual Life in Ancient China）：中國古代的性與社會 [M]。北京：商務印書館，2007。繁體中文版：李零、郭曉惠等譯，臺北市：桂冠出版社，1991。

第三章

[1] 佛洛姆（Erich Fromm）。愛的藝術（The Art of Loving）[M]。劉福堂，譯。上海：上海譯文社，2018。繁體中文版：愛的藝術梁永安，譯。新北市：木馬文化，2021。

[2] Jeannerod M. *The mechanism of self-recognition in human*[J]. Behavioural Brain Research, 2003, 142,1-15.

第四章

[1]　榮格（C. G. Jung）。榮格潛意識與生存 [M]。高適，編譯。武漢：華中科技大學出版社，2012。繁體中文版：榮格自傳：回憶・夢・省思（*Memories, Dreams, Reflections*）。劉國彬、楊德友，譯。臺北市：張老師文化，2014。

[2]　李銀河。性別問題 [M]。青島：青島出版社，2007。

[3]　Diamond L. *Sexual Fluidity: Understanding Women's Love and Desire*[M]. Harvard University Press, 2008.

第五章

[1]　傅柯（Michel Foucault）。性經驗史（I）。余碧平，譯。上海，上海人民出版社，2016。繁體中文版：性史（*Histoire de la sexualité*）[M]。林志明，譯。臺北市：時報出版，2022。

[2]　西蒙・波娃（Simone de Beauvoir）。第二性（*Le Deuxième Sexe*）[M]。鄭克魯，譯。上海：上海譯文社，2011。繁體中文版：邱瑞鑾，譯。臺北市：貓頭鷹出版社，2013。

[3]　恩斯勒（Eve Ensler）。陰道獨白（*The Vagina Monologues*）[M]。丁凡，喬色分，譯。臺北市：心靈工坊，2008。

第六章

[1]　Salama S, Boitrelle F, Gauquelin A, Malagrida L, Thiounn N, and Desvaux P. *Nature and origin of "squirting" in female sexuality*[J]. The Journal of Sex Medicine, 2015, 661-666.

[2]　羅賓・貝克（Robin Baker）。精子戰爭（*Sperm Wars*）[M]。李沛沂、章蓓蕾，譯。廣州：廣東旅遊出版社，2014。繁體中文版：臺北市，麥田出版，2000。

[3]　Daniel Bergner. *What Do Women Want?: Adventures in the Science of Female Desire*. Ecco, 2013. 伯格納。女人到底想要什麼 [M]。馬睿，譯。南京：江蘇文藝出版社，2014。

第七章

[1]　Brett Kahr. *Sex and the Psyche: The Truth About Our Most Secret Fantasies*[M]. Penguin Group, 2008. 布雷特・卡爾。人類性幻想 [M]。耿文秀，譯。華東師範大學出版社，2011。

[2]　Waldinger MD, McIntosh J, Schweitzer DH. *A five-nation survey to assess the distribution of the intravaginal ejaculatory latency time among the general male population*[J]. The Journal of Sexual Medicine, 2009, 2888-2895.

[3]　Carnes P. *Out of the Shadows: Understanding Sexual Addiction*[M]. Minnesota: HAZELDEN, 2001.

第八章

[1] Lykins AD, Meana M, Strauss GP. *Sex differences in visual attention to erotic and non-erotic stimuli*[J]. Archives of Sexual Behavior, 2008, 219-228.

[2] Stinson FS, Dawson DA, Goldstein RB, et al. *Prevalence, correlates, disability, and comorbidity of DSM–IV narcissistic personality disorder: Results from the wave 2 national epidemiologic survey on alcohol and related conditions*[J]. The Journal of Clinical Psychiatry, 2008.

[3] 布朗（Brené Brown）。脆弱的力量（*Daring Greatly*）[M]。覃薇薇，譯。杭州：浙江人民出版社，2014。繁體中文版：洪慧芳，譯。馬可孛羅出版，2013。

[4] 陳兵。佛教心理學[M]。西安：陝西師範大學出版總社，2015。繁體中文版：臺北縣三重市：佛光文化出版，2007。

[5] Brotto LA, Basson R, Luria MA. *Mindfulness-Based Group Psychoeducational Intervention Targeting Sexual Arousal Disorder in Women*[J]. The Journal of Sex Medicine, 2008, 1646-1659 and Brotto LA, Goldmeier D. *Mindfulness Interventions for Treating Sexual Dysfunctions: The Gentle Science of Finding Focus in a Multitask World*[J]. The Journal of Sex Medicine, 2015, 1687-1689.

第九章

[1] 德里茲（著）、施托默爾（繪）。身體由我：關於了不起的女性身體的一切[M]。馬心湖，譯。北京：北京科學技術出版社，2022。

[2] Komisaruk BR, Whipple B, Nasserzadeh S. *The Orgasm Answer Guide*[M]. Baltimore: JHU Press, 2009.

[3] Levin RJ. *Prostate-induced orgasms: A concise review illustrated with a highly relevant case study*[J]. Clinical Anatomy, 2018(31): 81-85.

第十章

[1] Mihaly Csikszentmihalyi. *Creativity: Flow and the Psychology of Discovery and Invention*[M], HarperCollins, First Edition, 1996. 希斯贊特米哈伊。創造力：心流與創新心理學[M]。黃珏萍，譯。杭州：浙江人民出版社，2015。

[2] 更敦群培。西藏欲經[M]。陝西：陝西師範大學出版社，2006。繁體中文版：西藏慾經。臺北市：大辣，2003。

[3] 馮國超。中國古代性學報告[M]。北京：華夏出版社，2013。

[4] 無名氏。素女經[M]。北京：中央編譯出版社，2008。

[5] Prause N, Siegle GJ, Deblieck C, et al. *EEG to primary rewards: Predictive utility and malleability by brain stimulation*[J/OL]. Plos One, 2016.

野人家 229

沸騰性愛的心理密碼

『性商心理師』教你喚起情慾，解鎖親密關係的身心靈對話

作　　　者	彭瑞

社　　　長	張瑩瑩
總 編 輯	蔡麗真
責任編輯	蔡麗真
校　　　對	魏秋綢
行銷經理	林麗紅
行銷企畫	李映柔
封面設計	萬勝安
美術設計	洪素貞

出　　　版	野人文化股份有限公司
發　　　行	遠足文化事業股份有限公司 (讀書共和國出版集團)
	地址：231 新北市新店區民權路 108-2 號 9 樓
	電話：（02）2218-1417　傳真：（02）8667-1065
	電子信箱：service@bookrep.com.tw
	網址：www.bookrep.com.tw
	郵撥帳號：19504465 遠足文化事業股份有限公司
	客服專線：0800-221-029
法律顧問	華洋法律事務所　蘇文生律師
印　　　製	凱林彩印股份有限公司
初　　　版	2024 年 1 月

有著作權　侵害必究
特別聲明：有關本書中的言論內容，不代表本公司 / 出版集團之立場
與意見，文責由作者自行承擔
歡迎團體訂購，另有優惠，請洽業務部（02）22181417 分機 1124

國家圖書館出版品預行編目（CIP）資料

沸騰性愛的心理密碼：「性商心理師」教你喚起
情慾，解鎖親密關係的身心靈對話 / 彭瑞著 . --
初版 . -- 新北市：野人文化股份有限公司出版：
遠足文化事業股份有限公司發行, 2024.01
　面；　公分 . -- (野人家；229)
ISBN 978-986-384-998-8 (平裝)
ISBN 978-626-742-800-9 (PDF)
ISBN 978-986-384-999-5 (EPUB)

1.CST: 性學 2.CST: 性心理 3.CST: 性知識 4.CST:
兩性關係

544.7　　　　　　　　　　　112021512

沸騰性愛的
心理密碼

野人文化
官方網頁

野人文化
讀者回函

線上讀者回函專用
QR CODE，你的寶
貴意見，將是我們
進步的最大動力。